Az ellenállhatatlan vörös bársony szakácskönyv

100 VARÁZSLATOS RECEP, A
KLASSIKUS VÖRÖS VELVET TORTA
Ihlette

Szervác Boros

Copyright Anyag ©2023

Minden jog fenntartva

A kiadó és a szerzői jog tulajdonosának megfelelő írásos beleegyezése nélkül ennek a könyvnek egyetlen része sem használható fel vagy továbbítható semmilyen formában vagy módon, kivéve az ismertetőben használt rövid idézeteket. Ez a könyv nem helyettesítheti az orvosi, jogi vagy egyéb szakmai tanácsokat.

TARTALOMJEGYZÉK

TARTALOMJEGYZÉK 3
BEVEZETÉS 7
REGGELI 9
   1. Piros bársonyos palacsinta kefir öntettel 10
   2. VÖRÖS BÁRSONY Smoothie Bowls 13
   3. VÖRÖS BÁRSONY palacsinta krémsajt töltelékkel 15
   4. Vörös bársonyos fahéjas tekercs 17
   5. Vörös bársonyban sült fánk 20
   6. Vörös bársony puffasztott palacsinta 23
   7. VÖRÖS BÁRSONY Cheesy Goffle 25
   8. VÖRÖS BÁRSONY French Toast 27
   9. VÖRÖS BÁRSONY Hot Chocolate 29
   10. Vörös bársonyos banánkenyér 31
   11. VÖRÖS BÁRSONY Mochi Gofri 33
   12. VÖRÖS BÁRSONY Hot Peppermint Chocolate 35
   13. Vörös bársony zabpehely 37
   14. Vörös bársonyos málna és mandulatej 39
   15. Vörös bársony ecetes tojás 41
   16. Vörös bársony latkes 43
   17. Vörös bársony Hash 45
   18. Vörös bársonyos reggeli pizza 47
ELŐÉTELEK ÉS NAGYSZEREK 49
   19. VÖRÖS BÁRSONY Bombs 50
   20. VÖRÖS BÁRSONY Pumpkin Bars 52
   21. VÖRÖS BÁRSONY Fudge fehérjeszeletek 54
   22. VÖRÖS BÁRSONY Puppy Chow 56
   23. VÖRÖS BÁRSONY Party Mix 58

24. Piros bársonyos tortagolyók 60
25. VÖRÖS BÁRSONY Trifle Cups 63
26. VÖRÖS BÁRSONY Sajtgolyó 65
27. VÖRÖS BÁRSONY Cheesecake Brownie Bites 67
28. VÖRÖS BÁRSONY Popcorn 70
29. VÖRÖS BÁRSONY Rice Krispies 72
30. Vörös bársony chips 74
31. Kapros és fokhagymás cékla 76
32. Piros bársonyos előétel saláta 78
33. Répahajók 80
34. Vörös bársony rántott 82

FŐTÁV 84

35. Vörös bársonyleves 85
36. Vörös bársony saláta céklával és mozzarellával 87
37. Vörös bársony csirke ujjak 89
38. VÖRÖS BÁRSONY Burger 91
39. Vörös bársony makréla céklával 94
40. Vörös bársonyos rizottó 97
45. Vörös bársony Sliders 99
46. Garnélarák amaránttal és kecskesajttal 102
47. Grillezett fésűkagyló és kelkáposzta friss répaszósszal 105

LEVES 108

48. Répaborscs 109
49. Káposzta- és céklaleves 111
50. Cékla- és íróleves 113
51. Cukorrépa curry 115
52. Céklakrémleves 117
53. Spenót-répaleves 120
54. Vörös bársonyleves 123

SALÁTA **125**

   55. Narancssárga Gremolata cékla 126

   56. Cékla zölddel és reszelt sárgabarackkal 128

   57. Céklás édeskömény saláta 131

   58. Répa mogyoró saláta 133

   59. Cékla-paradicsom saláta 135

   60. Vegyes zöldsaláta céklával 137

   61. Szivárványrépa és pisztácia saláta 140

   62. Pink Red bársony saláta 142

   63. Sárgarépa saláta körtével 145

   64. Répa-tofu saláta 147

   65. Grapefruit-, répa- és kéksajtos saláta 149

   66. Vörös bársony burgonyasaláta 151

   67. Céklasaláta kecskesajttal és dióval 153

OLDALOK **157**

   68. Sült gyökérzöldség 158

   69. Cékla a nagy Marnierben 160

   70. Cékla tejfölben 162

   71. Vörös bársony Áfonya répa 164

   72. Vörös bársony Mézes cékla 166

   73. Sült répaszeletek 168

DESSZERT **170**

   74. VÖRÖS BÁRSONY Cupcakes 171

   75. Vörös bársony Jeges torta 173

   76. Vörös bársonyos torta 175

   77. Vörös bársony fagylalt 178

   78. Vörös bársonyos csokis keksz 180

   79. VÖRÖS BÁRSONY Ice Cream Goffle 183

   80. VÖRÖS BÁRSONY Mini Cheesecakes 186

81. VÖRÖS BÁRSONY krémsajtos muffin 189
82. Vörös bársonyos málna torta 192
83. Vörös bársonyos szufflé 195
84. VÖRÖS BÁRSONY Cheesecake Mousse 198
85. VÖRÖS BÁRSONY-Berry Cobbler 201
86. Vörös bársonyos gyümölcstorta 204
87. VÖRÖS BÁRSONY Biscuit 207
88. VÖRÖS BÁRSONY Macarons 209
89. VÖRÖS BÁRSONY Ice Box Pite 212
90. Vörös bársonyos répatorta 214
91. Cukorrépa gratin 216
92. Cékla zöld szufla 218
93. Vörös bársonyos répahab 220
94. Répa diós kenyér 222

koktélok és turmixok 224

95. VÖRÖS BÁRSONY Cake Martini 225
96. Vörös bársony mojito mocktail 227
97. VÖRÖS BÁRSONY Chocolate Cocktail 229
98. VÖRÖS BÁRSONY Shortcake Cocktail 231
99. VÖRÖS BÁRSONY Smoothie 233
100. Vörös bársonyos céklás banánturmix 235

KÖVETKEZTETÉS 237

BEVEZETÉS

Üdvözöljük az Ellenállhatatlan vörös bársony szakácskönyvben, amely minden vörös bársony ünnepe! Akár régóta rajongója vagy akár újonc ennek a finom desszertnek, ebben a szakácskönyvben mindenki talál valamit. A klasszikus süteményektől és süteményektől a sós ételek egyedi csavarjaiig, mi mindent megtalálsz.

A vörös bársony az utóbbi években kedvelt ízvilággá vált, élénk színével és gazdag, engedékeny ízével. Nem csoda, hogy miért olyan különleges alkalmakkor, mint a Valentin-nap vagy a karácsony a kedvence. De miért korlátozza magát csak néhány napra az évből? Ezzel a szakácskönyvvel a hét bármely napján élvezheti a vörös bársony dekadens ízét.

Összegyűjtöttünk egy receptgyűjteményt, amelyek biztosan kielégítik a vörös bársony utáni vágyat. Akár édes, akár sós kedve van, van egy recept az Ön számára. Klasszikus VÖRÖS BÁRSONY tortánkat ki kell próbálni, nedves és lágy morzsával és csípős krémsajttal. De miért álljunk meg itt? A VÖRÖS BÁRSONY palacsintánk tökéletes hétvégi villásreggeli, míg a VÖRÖS BÁRSONY gofri egy klasszikus reggeli szórakoztató csavarja.

És ne feledkezzünk meg a vörös bársony zamatos oldaláról sem. A VÖRÖS BÁRSONY Fried Chickenünk ropogós külsejével és lédús, ízes húsával mindenkit kedvel. Vagy próbálja ki VÖRÖS BÁRSONY Mac és Cheese termékünket, hogy egyedi és ízletes csavart kapjon egy klasszikus kényelmes ételhez.

Legyen szó gyakorlott pékről vagy kezdő a konyhában, könnyen követhető receptjeink és lépésről lépésre végigvezetik Önt a finom vörös bársonyos ételek elkészítésének folyamatán. A könyvben végigkísérő lenyűgöző fotózások pedig inspirációt kapnak új receptek kipróbálására, és saját vörös bársony remekművei elkészítésére.

Mire vársz még? Merüljünk el a vörös bársony világában, és fedezzük fel a benne rejlő finom lehetőségeket!

REGGELI

1. Piros bársony palacsinta kefir öntettel

Elkészítés: 4 adag

ÖSSZETEVŐK:
FELTÉTEL
- ½ csésze sima kefir
- 2 evőkanál porcukor

PALACSINTÁT
- 1¾ csésze régimódi hengerelt zab
- 3 evőkanál kakaópor
- 1½ teáskanál sütőpor
- 1 teáskanál szódabikarbóna
- ¼ teáskanál só
- 3 evőkanál juharszirup
- 2 evőkanál kókuszolaj, olvasztott
- 1½ csésze 2%-os zsírszegény tej
- 1 nagy tojás
- 1 teáskanál piros ételfesték
- Csokoládéforgács vagy -forgács, tálaláshoz

UTASÍTÁS:
a) Az öntethez mindkét összetevőt egy kis tálba tesszük, és addig keverjük, amíg össze nem áll. Félretesz, mellőz.
b) A palacsintához tegyük az összes elemet egy nagy sebességű turmixgépbe, és gyorsítsuk fel, hogy cseppfolyós legyen. Győződjön meg róla, hogy minden jól össze van keverve.
c) Hagyja a tésztát 5-10 percig pihenni. Ez lehetővé teszi, hogy az összes összetevő összeérjen, és a tészta jobb konzisztenciát biztosít.
d) Permetezzen be egy tapadásmentes serpenyőt vagy rácsot bőségesen növényi olajjal, és melegítse közepes lángon.
e) Ha a serpenyő felforrósodott, egy ¼ csésze mérőedény segítségével adjuk hozzá a tésztát, és öntsük a serpenyőbe a palacsinta elkészítéséhez. Használja a mérőpoharat a palacsinta formázásához.
f) Addig főzzük, amíg az oldala megszilárdult, és buborékok keletkeznek a közepén, 3 percig, majd fordítsuk meg a palacsintát.

g) Ha a palacsinta ezen az oldalon megsült, levesszük a tűzről és tányérra tesszük.
h) Folytassa ezeket a lépéseket a maradék tésztával.
i) Halmozzuk fel, és öntettel és csokireszelékkel tálaljuk.

2. VÖRÖS BÁRSONY Smoothie Bowls

Gyártmány: 2

ÖSSZETEVŐK:
- 1 sült répa kihűtve
- 1 csésze fagyasztott cseresznye
- 1 banán apróra vágva és lefagyasztva
- ¼ csésze tej
- 3 evőkanál kakaópor
- 1 evőkanál méz
- Feltöltési ötletek: szív alakú gyümölcs/répa, banán, magvak, dió, kókusz

UTASÍTÁS:
a) Keverje össze az összes hozzávalót egy turmixgépben simára, és adjon hozzá több tejet és mézet, ha szükséges, hogy elérje a kívánt állagot és édességet.
b) Tedd meg kedvenc dióval/magoddal, banánnal és kakaóval.

3. VÖRÖS BÁRSONY palacsinta krémsajt töltelékkel

Kiszerelés: 10-12 palacsinta

ÖSSZETEVŐK:
- 2 tojás
- 1 csésze tej
- ½ csésze víz
- ½ teáskanál só
- 3 evőkanál vaj, olvasztott
- 1 teáskanál cukor
- 1 teáskanál vanília kivonat
- 1 csésze liszt
- 1½ evőkanál kakaópor
- 5 csepp piros ételfesték, opcionális
- Krémsajt töltelék/csepegtetés

UTASÍTÁS:
a) Keverje össze a tojást, a tejet, a vizet, a sót, a cukrot, a vaníliát és a 3 evőkanál olvasztott vajat egy turmixgépben, és keverje habosra, körülbelül 30 másodpercig.
b) Hozzáadjuk a lisztet és a kakaóport, és simára verjük.
c) Ha használja, ebben az időben adja hozzá az ételfestéket. Kicsit fényesebbé kell tennie a tésztát, mint amennyire a végterméket szeretné.
d) Hűtőbe tesszük a tésztát 30 percre vagy egy éjszakára.
e) Ha készen áll a palacsinta elkészítésére, melegítsen fel 1 evőkanál vajat egy palacsintában vagy más sekély serpenyőben. Győződjön meg arról, hogy a vaj bevonja a serpenyő teljes felületét, mielőtt hozzáadna ¼ csésze krepptésztát, és megforgatja, hogy ellepje a serpenyő felületét.
f) A palacsintát egy percig főzzük, óvatosan megfordítjuk, majd a másik oldalát fél percig sütjük.
g) Csokoládészósszal és maradék krémsajt töltelékkel díszítjük.

4. Vörös bársonyos fahéjas tekercs

Kiszerelés: 24 tekercs

ÖSSZETEVŐK:
A FAHÉJES TEkercsekhez
- 4½ teáskanál száraz élesztő
- 2-½ csésze meleg víz
- 15,25 uncia doboz VÖRÖS BÁRSONY tortakeverék
- 1 teáskanál vanília kivonat
- 1 teáskanál só
- 5 csésze univerzális liszt

A FAHÉJES CUKOR KEVERÉKHEZ
- 2 csésze csomagolt barna cukor
- 4 evőkanál őrölt fahéj
- ⅔ csésze vaj megpuhult

A KRÉMES SAJTJÁZHOZ
- 16 uncia krémsajt, lágyítva
- ½ csésze vaj megpuhult
- 2 csésze porcukor
- 1 teáskanál vanília kivonat

UTASÍTÁS:
a) Egy nagy keverőtálban keverje össze az élesztőt és a vizet, amíg fel nem oldódik.

b) Adjuk hozzá a torta keveréket, a vaníliát, a sót és a lisztet. Jól keverjük össze - a tészta enyhén ragacsos lesz.

c) Fedje le szorosan a tálat műanyag fóliával. Hagyja kelni a tésztát egy órát. Gyúrjuk le a tésztát, és hagyjuk még 45 percig kelni.

d) Enyhén lisztezett felületen nyújtsa a tésztát egy nagy, körülbelül ¼ hüvelyk vastag téglalappá. A vajat egyenletesen elkenjük a tésztán.

e) Egy közepes tálban keverjük össze a barna cukrot és a fahéjat. A barna cukros keveréket szórjuk a vajra.

f) Tekerjük fel, mint egy zselés tekercset, a hosszú szélétől kezdve. Vágjuk 24 egyenlő részre.

g) Kivajazunk két 9x13 hüvelykes tepsit. A fahéjas tekercs szeleteket elrendezzük a serpenyőkben. Letakarjuk, és meleg helyen kelesztjük, amíg duplájára nem nő.

h) Melegítse elő a sütőt 350 °F-ra.

i) 15-20 percig sütjük, vagy amíg megpuhul.

j) Amíg a fahéjas tekercsek sülnek, elkészítjük a krémsajtos cukormázt úgy, hogy a krémsajtot és a vajat egy közepes keverőtálban krémesre keverjük. Belekeverjük a vaníliát. Fokozatosan adjuk hozzá a porcukrot.

5. Vörös bársony sült fánk

Készítmény: 14-16 fánk

ÖSSZETEVŐK:
- 2 ¼ csésze liszt
- 1 evőkanál sütőpor
- ½ teáskanál só
- ⅔ csésze cukor
- 1 tojás
- 2 evőkanál növényi olaj
- 2 evőkanál kakaópor
- 1 teáskanál vanília
- ½ csésze alacsony zsírtartalmú tej
- Vörös lágy gél paszta
- Zománc

UTASÍTÁS:
a) Melegítsük elő a sütőt 350 fokra.
b) Permetezzen be egy fánkos serpenyőt főzőpermettel, és tegye félre.
c) Egy közepes tálban keverjük össze a lisztet, a sütőport és a sót.
d) Jól összekeverjük és félretesszük.
e) Egy nagy tálban keverjük össze a cukrot, a tojást és a növényi olajat.
f) Adjuk hozzá a kakaóport és a vaníliát, és jól keverjük össze.
g) Lassan keverjük hozzá a tejet, amíg jól össze nem áll.
h) Körülbelül fél csészével adagoljuk hozzá a száraz hozzávalókat, minden hozzáadás után alaposan keverjük össze.
i) Adjunk hozzá néhány csepp piros ételfestéket, és keverjük addig, amíg a tészta a kívánt színt el nem éri.
j) Tegye a tésztát egy cipzáras zacskóba, és zárja le.
k) Vágja le a végét, és csepegtesse bele a fánkformába, és töltse meg a fánkcsészéket ⅔-ig.
l) 12-15 percig sütjük, ügyelve arra, hogy a fánkok ne barnuljanak meg.
m) A fánkok tetejét mártsuk a mázba, és szórjuk meg szívecskékkel vagy szórjuk meg.

6. Vörös bársony puffasztott palacsinta

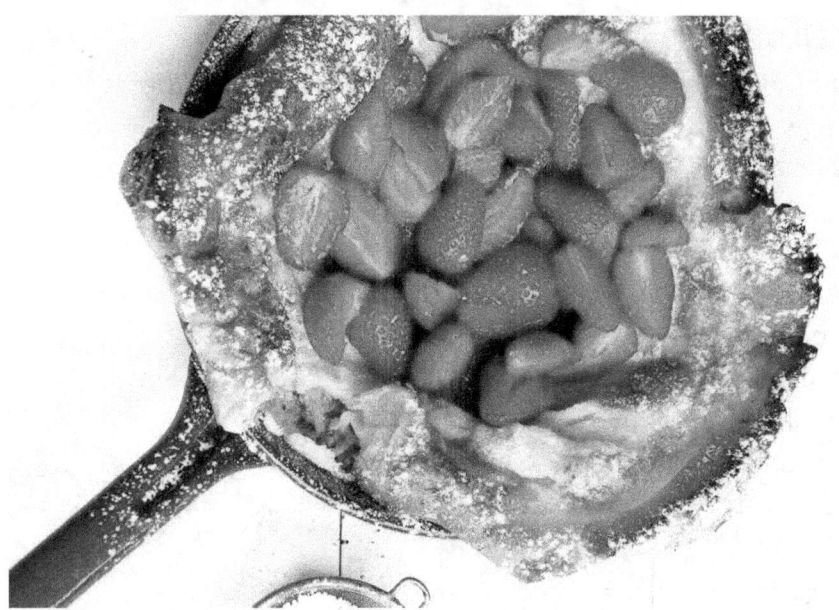

Elkészítés: 4 adag

ÖSSZETEVŐK:
A PALACSINTÁHOZ:
- 4 nagy tojás
- 1 csésze tej
- ¾ csésze + 2 evőkanál univerzális liszt
- 2 evőkanál kakaópor
- ¼ csésze kristálycukor
- ¼ teáskanál kóser só
- 1 teáskanál vanília kivonat
- 2 evőkanál sótlan vaj
- ½ teáskanál vörös zselés ételfesték
- Főző spray
- Zománc

UTASÍTÁS:
a) Melegítsük elő a sütőt 400 F fokra
b) Helyezze a tojást, a tejet, a lisztet, a kakaóport, a cukrot, a sót és a vaníliát a turmixgépbe; addig keverjük, amíg teljesen össze nem keveredik. Adjuk hozzá az ételfestéket, és keverjük 30 másodpercig.
c) Melegíts fel egy 10 hüvelykes öntöttvas serpenyőt vagy tapadásmentes serpenyőt közepesen magas lángon. Adjuk hozzá a vajat és olvasszuk fel. Öntsük a tésztát a serpenyőbe. Tedd a tepsit a sütőbe, és süsd barnára, puffadásig és kb. 20-25 percig sütjük.
d) Amíg a palacsinta a sütőben van, elkészítjük a krémsajtos mázat. A krémsajtot és a vajat keverőgéppel alaposan keverjük össze, 1-3 perc alatt. Adjuk hozzá a tejet és keverjük össze. Lassan hozzáadjuk a porcukrot, és addig keverjük, amíg máz nem lesz. Ha szükséges, egy teáskanálonként több tejet adhatunk hozzá, hogy a máz öntő állagú legyen.
e) A palacsintát szeletekre vágjuk, és krémsajtmázzal és gyümölccsel megkenve tálaljuk.

7. VÖRÖS BÁRSONY Sajtos Gofri

Készítmény: 3 gofri

ÖSSZETEVŐK:

- 1 tojás
- 1 uncia krémsajt
- 2 evőkanál kókuszliszt
- 1 evőkanál író
- 2 teáskanál cukormentes édesítőszer
- ½ teáskanál sütőpor
- ½ teáskanál kakaópor
- piros ételfesték

UTASÍTÁS:

a) Melegítse elő a gofrisütőt.
b) Keverjük össze az összes hozzávalót. Adjon hozzá néhány csepp piros ételfestéket, hogy elérje a kívánt rózsaszín vagy vörös árnyalatot.
c) Öntse a vörös bársonytészta körülbelül egyharmadát a gofrisütőbe, ha mini gofrisütőt használ.
d) Zárja le a gofrisütőt, és hagyja főni 3-5 percig, vagy amíg a gofri aranybarna és megdermed.
e) Vegye ki a pelyhet a gofrisütőből, és tálalja.

8. VÖRÖS BÁRSONY francia pirítós

Gyártmány: 4

ÖSSZETEVŐK
- 8 szelet briós
- 3 nagy tojás
- 1 csésze fél és fél tejszín 10% MF
- 2 evőkanál granulált cukor
- 1 evőkanál vanília kivonat
- 2 evőkanál kakaópor
- 2-3 evőkanál piros ételfesték
- ¼ teáskanál só
- 2-3 evőkanál vaj vagy olaj, sütéshez
- Krémsajtos cukormáz

UTASÍTÁS
a) Melegítsük elő a sütőt 250 F-ra. Helyezze a briósszeleteket egy tepsire, és süsse 15-20 percig, vagy amíg kissé megszáradnak. A szeleteket teljesen lehűtjük. A tojásokat, a tejszínt, a cukrot, a vaníliát, a kakaóport, az ételfestéket és a sót habosra keverjük.
b) A tojásos keveréket a szeletekre öntjük.
c) Pár percenként forgasd meg a szeleteket, és kanalazz rájuk a keveréket, amíg szinte minden fel nem szívódik. Körülbelül 10 perc.
d) Melegíts fel egy serpenyőt közepes lángon. Adjuk hozzá a vajat, majd helyezzük a szeleteket a serpenyőbe. Süssük oldalanként 2-3 percig, vagy amíg meg nem pirul.

9. VÖRÖS BÁRSONY forró csokoládé

Gyártmány: 6

ÖSSZETEVŐK:
- 14 uncia édesített sűrített tej
- 1 csésze nehéz tejszín
- 6 csésze teljes tej
- 1 csésze félédes csokoládé chips
- 1 evőkanál vanília kivonat
- 1 evőkanál krémsajt
- 4 csepp piros ételzselé

UTASÍTÁS:
a) Adja hozzá az édesített sűrített tejet, a csokoládédarabkákat, a kemény tejszínt, a tejet és a vaníliakivonatot a lassú tűzhelybe, és lassú tűzön főzze 3 órán át, óránként keverve. Csokoládé és tej a lassú tűzhelyben

b) Ha a csokoládé felolvadt, keverjük hozzá a krémsajtot és a piros ételfestéket.

c) Ha szükséges, folytassa a főzést, vagy csökkentse a hőt, és tálalja. Csokoládé a lassú tűzhelyben

d) Ha a keverék túl sűrű az ízlése szerint, további tejjel vagy vízzel hígíthatja. Vörös bársonyos forró csokoládé átlátszó bögrében

10. Piros bársonyos banán kenyér

Készítmény: 2 vekni

ÖSSZETEVŐK:
- 1 doboz VÖRÖS BÁRSONY tortakeverék
- 3 nagy tojás
- ⅓ csésze olaj
- 1½ csésze tört banán, körülbelül 3 vagy 4 banán
- 1 csésze apróra vágott pekándió

UTASÍTÁS:
a) Melegítse elő a sütőt 350 ºF-ra. Két tepsit kivajazunk és lisztezzünk.

b) Keverje össze a száraz süteménykeveréket, a tojást, az olajat, a tört banánt és az apróra vágott pekándiót, amíg jól el nem keveredik. Öntsük a tésztát az előkészített edényekbe.

c) Süssük 30-35 percig, vagy amíg a közepébe szúrt fogpiszkáló tisztán ki nem jön.

d) Vegye ki a sütőből a hűtőrácsra 10 percre, mielőtt kiveszi a formából.

e) Rácson teljesen kihűtjük. Ízlés szerint porcukorral megszórjuk.

11. VÖRÖS BÁRSONY Mochi gofri

Elkészítés: 8 adag

ÖSSZETEVŐK:
A VÖRÖS VELVET MOCHI OSTYÁHOZ
- 1 ½ csésze tej
- 2 tojás
- 2 evőkanál piros ételfesték
- 1 teáskanál vanília kivonat
- ½ teáskanál desztillált fehér ecet
- 2 és fél csésze mochiko liszt
- ½ csésze kristálycukor
- 1 evőkanál sütőpor
- 1 evőkanál kakaópor
- ½ teáskanál só

UTASÍTÁS:
a) Melegítse elő a gofrisütőt.
b) Egy közepes keverőtálba tedd a nedves hozzávalókat, és keverd jól össze. Félretesz, mellőz.
c) Ezután egy nagy keverőtálba öntjük a száraz hozzávalókat.
d) Jól összekeverjük.
e) Adjuk hozzá a nedves hozzávalókat a szárazhoz, és keverjük addig, amíg össze nem áll.
f) Permetezzen tapadásmentes főzőpermetet a gofrisütő felületére. Öntsük a tésztát a gofrisütőbe, és süssük enyhén barnára.

12. VÖRÖS BÁRSONY forró borsmentás csokoládé

Kiszerelés: 5 csésze

ÖSSZETEVŐK

- 4 csésze fele-fele tejszín
- 7 uncia fehér sütőcsokoládé, apróra vágva
- 2 uncia tejcsokoládé, apróra vágva
- ¼-½ teáskanál piros ételfesték
- ¼-½ teáskanál borsmenta kivonat
- Csiszolt sót
- Cukorka és mályvacukor

UTASÍTÁS:

a) Egy nagy serpenyőben közepes lángon melegítsd fel a tejszínt, amíg buborékok képződnek a serpenyő falai körül.

b) Vegye le a tűzről; simára keverjük a csokoládét, az ételfestéket, a kivonatot és a sót. Visszatérés a meleghez; főzzük és keverjük, amíg át nem melegszik.

c) Öntsük bögrékbe; tetejét cukornáddal és mályvacukorral.

13. Vörös bársony zabpehely

Gyártmány: 6

ÖSSZETEVŐK
- 1 ½ csésze hengerelt zab
- 1 csésze író
- 2 ½ csésze tej
- 2 evőkanál cukor
- 1 ½ evőkanál kakaópor
- ¼ teáskanál só
- 2-3 csepp piros ételfesték
- 1 teáskanál vanília kivonat

FELTÉTELEK
- Gránátalma arils
- Csokoládé darabkák
- Választott gyümölcsök
- dióféléket

UTASÍTÁS
a) Adjunk hozzá tejet, cukrot, sót, vaníliakivonatot és kakaóport a serpenyőbe
b) Keverjük össze és kapcsoljuk közepesre a hőt.
c) Adjuk hozzá a zabot a tejes-kakaós keverékhez.
d) Adjuk hozzá az ételfestéket, és főzzük közepes lángon, amíg teljesen megpuhul.
e) Körülbelül 6 percet vesz igénybe, hogy teljesen megsüljön. Folyamatosan keverjük, nehogy megégjen.
f) Tálaljuk több tejjel és tetszőleges feltétekkel.

14. Vörös bársonyos málna és mandulatej

Gyártmány: 3

HOZZÁVALÓK:

- 1 csésze fagyasztott málna
- ¼ csésze kollagén peptid
- ¼ csésze MCT olaj
- 2 evőkanál chia mag
- 1 teáskanál céklapor
- 1 teáskanál bio vanília kivonat
- 4 csepp folyékony stevia
- 1 ½ csésze mandulatej, cukrozatlan

UTASÍTÁS:

a) Egy nagy teljesítményű turmixgépben keverje össze az összes hozzávalót, és turmixolja simára.
b) Öntsd 3 tálba, és tálald kedvenc köreteddel.

15. Vörös bársony ecetes tojás

Gyártmány: 6

ÖSSZETEVŐK:

- 6 tojás
- 1 csésze fehér ecet
- Leve 1 doboz céklából
- ¼ csésze cukor
- ½ evőkanál só
- 2 gerezd fokhagyma
- 1 evőkanál egész bors
- 1 babérlevél

UTASÍTÁS:

a) Melegítse elő a vízfürdőt 170 °F-ra.

b) Helyezze a tojásokat egy zacskóba. Zárja le a zacskót és helyezze a fürdőbe. 1 órán át főzzük.

c) 1 óra elteltével a tojásokat egy tál hideg vízbe tesszük kihűlni, és óvatosan meghámozzuk. A zacskóba, amelyben a tojást főzte, keverje össze az ecetet, a répalét, a cukrot, a sót, a fokhagymát és a babérlevelet.

d) Cserélje ki a tojásokat egy zacskóba pácoló folyadékkal. Helyezze vízfürdőbe, és főzze további 1 órán át.

e) 1 óra elteltével tegyük a tojásokat pácfolyadékkal a hűtőszekrénybe.

f) Fogyasztás előtt hagyja teljesen kihűlni.

16. Vörös bársony latkes

Elkészítés: 1 adag

ÖSSZETEVŐK:

- 1 csésze finomra vágott friss cékla
- 2 evőkanál kukoricakeményítő
- 4 tojássárgája felvert
- ½ teáskanál cukor
- 3 evőkanál kemény tejszín vagy hígítatlan párolt tej
- ½ teáskanál Őrölt szerecsendió
- 1 teáskanál Só

UTASÍTÁS:

a) Keverje össze az összes hozzávalót egy keverőtálban.

b) Jól összekeverjük, és forró, vajas serpenyőn vagy serpenyőben palacsinta módra sütjük.

c) Gyümölcslekvárral vagy befőttekkel tálaljuk.

17. Vörös bársony Hash

Gyártmány: 4

ÖSSZETEVŐK:

- 1 kiló cékla, meghámozva és felkockázva
- ½ font Yukon Gold burgonya, meghámozva és felkockázva
- Durva só és frissen őrölt fekete bors
- 2 evőkanál extra szűz olívaolaj
- 1 kis hagyma, felkockázva
- 2 evőkanál apróra vágott friss petrezselyem
- 4 nagy tojás

UTASÍTÁS:

a) Egy magas oldalú serpenyőben öntsük fel vízzel a céklát és a burgonyát, és forraljuk fel. Ízesítsük sóval és főzzük puhára, körülbelül 7 percig. Lecsepegtetjük és kitöröljük a serpenyőt.

b) Egy serpenyőben közepes-magas lángon hevítsünk olajat. Adjuk hozzá a főtt céklát és a burgonyát, és főzzük, amíg a burgonya aranyszínűvé nem kezd körülbelül 4 percig. Csökkentse a hőt közepesre, adjon hozzá hagymát, és keverés közben főzze puhára, körülbelül 4 percig. Fűszerezzük és keverjük hozzá a petrezselymet.

c) Készítsen négy széles mélyedést a hashóban. Mindegyikbe ütünk egy-egy tojást, és ízesítjük sóval. 5-6 percig főzzük, amíg a fehérje meg nem áll, de a sárgája még folyós.

18. Vörös bársony reggeli pizza

Gyártmány: 6

ÖSSZETEVŐK:
A PIZZA TÉGÉHEZ:
- 1 csésze főtt és pürésített cékla
- ¾ csésze manduladara
- ⅓ csésze barna rizsliszt
- ½ teáskanál só
- 2 teáskanál sütőpor
- 1 evőkanál kókuszolaj
- 2 teáskanál rozmaring apróra vágva
- 1 tojás

FELTÉTELEK:
- 3 tojás
- 2 szelet főtt szalonna összetört
- avokádó
- sajt

UTASÍTÁS
a) A sütőt előmelegítjük 375 fokra
b) A pizzatésztához keverjük össze az összes hozzávalót
c) 5 percig sütjük
d) Vegyük ki és készítsünk 3 kis "kutat" egy kanál vagy fagylaltforma hátuljával
e) Dobd a 3 tojást ezekbe a "kutakba"
f) 20 percig sütjük
g) Megkenjük sajttal és szalonnával, és még 5 percig sütjük
h) Adjunk hozzá több rozmaringot, sajtot és avokádót.

ELŐÉTELEK ÉS NAGYSZEREK

19. VÖRÖS BÁRSONY Bombs

Gyártmány: 10

ÖSSZETEVŐK:

- 100 gramm étcsokoládé, 90%
- 1 teáskanál vanília kivonat, cukormentes
- ⅓ csésze krémsajt, lágyított
- 3 evőkanál Stevia
- 4 csepp piros ételfesték
- ⅓ csésze Cannabis Heavy Cream, felvert

UTASÍTÁS:

a) Tíz másodperces időközönként süsse mikrohullámmal a csokoládét egy mikrohullámú sütőben használható tálban.

b) A tejszínhab kivételével az összes többi hozzávalót egy nagy keverőtálban keverjük össze.

c) Kézi mixerrel keverjük össze, hogy tökéletesen sima legyen.

d) Hozzáadjuk az olvasztott csokoládét, és további két percig keverjük.

e) A keverékkel félig megtöltünk egy zsákot, majd egy előkészített tepsire simítjuk, majd negyven percre hűtőbe tesszük.

f) Tálalás előtt tegyünk a tetejére egy kanál tejszínhabot.

20. VÖRÖS BÁRSONY Pumpkin Bars

Elkészítés: 4 adag

ÖSSZETEVŐK:
- Kis főtt cékla, 2
- Kókuszliszt, ¼ csésze
- Bio tökmagvaj, 1 evőkanál
- Kókusztej, ¼ csésze
- Vanília tejsavó, ½ csésze
- 85%-os étcsokoládé, olvasztott

UTASÍTÁS:
a) A csokoládé kivételével az összes száraz hozzávalót összedolgozzuk.
b) A tejet a száraz hozzávalókhoz keverjük és jól összedolgozzuk.
c) Közepes méretű rudakká formázzuk.
d) Olvasszuk fel a csokoládét a mikrohullámú sütőben, és hagyjuk hűlni néhány másodpercig.
e) Most mártson minden szeletet olvasztott csokoládéba, és jól vonja be.
f) Hűtőbe tesszük, amíg a csokoládé megszilárdul és megszilárdul.
g) Élvezd.

21. VÖRÖS BÁRSONY Fudge Protein Bar s

Elkészítés: 4 adag

ÖSSZETEVŐK:
- Sült répapüré, 1 csésze
- Vaníliabab massza, 1 teáskanál
- Édesítetlen szójatej, ½ csésze
- Dióvaj, ½ csésze
- Rózsaszín himalájai só, ⅛ teáskanál
- Kivonat, 2 teáskanál
- Nyers stevia, ¾ csésze
- Zabliszt, ½ csésze
- Fehérjepor, 1 csésze

UTASÍTÁS:
a) Olvasszuk meg a vajat egy serpenyőben, és adjuk hozzá a zablisztet, a fehérjeport, a répapürét, a vaníliát, a kivonatot, a sót és a steviát. Addig keverjük, amíg össze nem áll.
b) Most adjunk hozzá szójatejet, és addig keverjük, amíg jól el nem keveredik.
c) Tegye át a keveréket egy serpenyőbe, és tegyük hűtőszekrénybe 25 percre.
d) Amikor a keverék megszilárdult, szeletelje fel 6 szeletre, és élvezze.

22. VÖRÖS BÁRSONY Puppy Chow

Gyártmány: 22

ÖSSZETEVŐK:
- 15,25 uncia vörös bársonyos tortakeverék
- 1 csésze porcukor
- 12 uncia fehér csokoládé
- 8 uncia félédes csokoládé
- 2 evőkanál tejszín, szobahőmérséklet
- 12 uncia Chex gabonapehely
- 10 uncia M&M's
- ⅛ csésze színű fröccsök

UTASÍTÁS:
a) Melegítse elő a sütőt 350 °F-ra.
b) A vörös bársonyos tortakeveréket sütőpapírral bélelt tepsire terítjük.
c) Sütőben 5-8 percig sütjük.
A sütőből kivéve hagyjuk kihűlni.
d) A tortakeveréket és a porcukrot egy visszazárható zacskóba tesszük, és jól összerázzuk. Tedd az egyik oldalra.
e) Egy tálban törjük fel a csokoládét, majd a mikróban 30 másodperces lépésekben, közben kevergetve melegítsük addig, amíg a csokoládé teljesen felolvad.
f) Keverjük hozzá a tejszínt.
g) Adja hozzá a Chex gabonapelyhet egy másik nagy keverőtálba, és öntse a csokoládé tetejére.
h) Óvatosan keverje össze a gabonapelyheket a csokoládéval, amíg egyenletes bevonat nem lesz, majd adagokban dolgozva a csokoládéval bevont gabonát a tortakeverékkel és a cukorral együtt a zacskóba tesszük, és teljesen bevonatig rázzuk.
i) Sütőpapírral bélelt tepsire szedjük a gabonadarabokat.
j) Ismételje meg a maradék gabonával, majd hagyja a darabokat körülbelül egy órán át száradni.
k) Keverjük össze az M&M-ekkel és a szórással, és tegyük egy tálba tálaláshoz.

23. VÖRÖS BÁRSONY Party Mix

Kiszerelés: 12 adag

ÖSSZETEVŐK:

- 6 csésze csokoládépehely
- ½ csésze csomagolt barna cukor
- ⅓ csésze vaj
- 3 evőkanál kukoricaszirup
- 1 csepp vörös zselés ételfesték
- 1 csésze Food Cake Mix
- ½ csésze Krémes krémsajt cukormáz

UTASÍTÁS:

a) Helyezzen gabonapelyhet egy nagy, mikrohullámú sütőben használható tálba; félretesz, mellőz.

b) Egy közepes, mikrohullámú sütőben süthető barna cukrot, vajat, kukoricaszirupot, ételfestéket és süteménykeveréket a magas fokozaton fedetlenül sütjük.

c) Azonnal öntsük a gabonafélékre; addig dobjuk, amíg jó bevonat nem lesz.

d) Viaszpapírra kenjük. 5 percig hűtjük.

e) Egy kis mikrohullámú sütőben tegyünk cukormázt; mikrohullámú sütő fedetlen magas fokozaton 20 másodpercig.

f) Csepegtesse a gabonakeverékre. Tárolja lazán letakarva.

24. Piros bársony tortagolyók

Gyártmány: 4 tucat

ÖSSZETEVŐK:
- 15,25 uncia csomag vörös bársonyos tortakeverék
- 1 csésze teljes tej
- ⅓ csésze sós vaj, olvasztott
- 3 teáskanál vaníliakivonat, osztva
- Növényi zsiradék, serpenyőhöz
- Univerzális liszt serpenyőhöz
- 8 uncia pkg. krémsajt megpuhult
- ½ csésze sós vaj, megpuhult
- 4 csésze porcukor
- 30 uncia fehér olvadó ostya
- Piros és fehér permetek és csiszoló cukrok

UTASÍTÁS:
a) Melegítse elő a sütőt 350 °F-ra. Keverje össze a süteménykeveréket, a tejet, az olvasztott vajat és 1 teáskanál vaníliát egy nagy teljesítményű, lapátos tartozékkal ellátott állványkeverő edényében alacsony sebességgel, amíg jól el nem keveredik, körülbelül 1 percig. Növelje a sebességet közepesre, és verje 2 percig. Öntsük a tésztát egy kivajazott és lisztezett 13 x 9 hüvelykes tepsibe.

b) Előmelegített sütőben süssük addig, amíg a közepébe szúrt fa csákány tisztán ki nem jön, 24-28 percig. Egy serpenyőben, rácson hűtsük 15 percig. A tortát rácsra borítjuk, és körülbelül 2 órán keresztül hagyjuk teljesen kihűlni.

c) Ezalatt a krémsajtot és a lágy vajat egy nagy teherbírású állványkeverővel felszerelt lapáttal közepes sebességgel verje krémesre. Csökkentse a sebességet alacsonyra, és fokozatosan adjuk hozzá a porcukrot és a maradék 2 teáskanál vaníliát, és keverjük addig, amíg el nem keveredik. Növelje a sebességet közepesen magasra, és verje habosra, 1-2 percig.

d) A kihűlt süteményt egy nagy tálba morzsoljuk. Keverjünk hozzá 2 csésze krémsajt cukormázzal.

e) Forgassa a torta keveréket 48 golyót, körülbelül 1 hüvelyk átmérőjű. Helyezze a golyókat a sütőlapokra, és fedje le műanyag fóliával. Hűtsük le 8 órára vagy egy éjszakára.

f) 1 csomag olvasztó ostyát egy közepes méretű mikrohullámú edényben olvasszunk fel mikrohullámú sütőben a csomagolási utasítás szerint.

g) Villával és egyszerre 1 tortagolyóval mártsuk a golyót olvasztott ostyákba, és hagyjuk, hogy a felesleg visszacseppenjen a tálba. Sütőpapírral bélelt tepsire helyezzük a golyót, és azonnal megszórjuk a kívánt mennyiségű szórással vagy csiszolócukorral.

h) Ismételje meg a maradék 15 tortagolyóval és egy tálba olvasztott ostyával, minden mártás között villával tisztítsa meg.

i) Törölje tisztára a tálat, és ismételje meg még 2-szer a maradék kihűlt tortagolyókkal és 2 csomag olvadó ostyával, valamint a kívánt mennyiségű szórással. Tálalásig hűtsük le.

25. VÖRÖS BÁRSONY Trifle Cups

Elkészítés: 4 adag

ÖSSZETEVŐK
- Sütő spray
- 15,25 uncia csomag VÖRÖS BÁRSONY Cake Mix
- 1 csésze zsírszegény író vagy víz
- 3 tojás
- ½ csésze növényi olaj
- 7 uncia vanília vagy sajttorta instant pudingkeverék
- 4 csésze teljes tej
- Felvert feltét és csokoládéreszelék, tálaláshoz

UTASÍTÁS:
a) Melegítse elő a sütőt 350 °F-ra.
b) Permetezzen be egy zselés tepsit sütőspray-vel.
c) Keverje össze a süteménykeveréket, az írót vagy vizet, a tojást és az olajat egy nagy tálban elektromos keverővel alacsony sebességgel, amíg megnedvesedik, körülbelül 30 másodpercig.
d) Közepes sebességgel verjük 2 percig. Tepsibe öntjük.
e) 15-18 percig sütjük, amíg a közepébe szúrt fogpiszkáló tisztán ki nem jön.
f) Hűtsük le a tortát egy tepsiben egy rácson, amíg teljesen ki nem hűl.
g) Fogazott késsel süss 120 kis négyzetet.
h) A pudingot a csomagoláson található utasítások szerint elkészítjük.
i) Tegyünk 10 tortakockát egy tálalópohárba, és kenjük meg egyenletesen a pudinggal.
j) Minden csekély csésze tetejére felvert öntetet és csokoládéreszeléket teszünk.

26. VÖRÖS BÁRSONY Sajtgolyó

Kiszerelés: 16 adag

ÖSSZETEVŐK
- 8 uncia krémsajt, szobahőmérsékletű
- ½ csésze sózatlan vaj, szobahőmérsékletű
- 15,25 uncia dobozos vörös bársonyos süteménykeverék, száraz
- ½ csésze porcukor
- 2 evőkanál barna cukor
- ½ csésze mini csokoládé chips
- vaníliás keksz/graham keksz, tálaláshoz

UTASÍTÁS:
a) A lapátos tartozékkal ellátott állványmixer táljában a krémsajtot és a vajat simára keverjük.

b) Adjuk hozzá a torta keveréket, a porcukrot és a barna cukrot. Addig keverjük, amíg jól be nem keveredik.

c) A keveréket egy nagy darab műanyag fóliára kaparjuk. A pakolás segítségével golyóvá formázzuk a keveréket. Hűtsük le műanyag fóliában, amíg elég szilárd lesz a kezeléshez, körülbelül 30 percig.

d) Helyezzen csokoládédarabkákat egy tányérra. Csomagold ki a sajtgolyót és forgasd meg csokireszelékben.

e) Tálaljuk vaníliás sütivel, graham keksszel stb.

27. VÖRÖS BÁRSONY Cheesecake Brownie Bites

Készítmény: 30 falat brownie

ÖSSZETEVŐK:
A BROWNIES SZÁMÁRA:
- 8 evőkanál sótlan vaj, olvasztott
- 1 csésze cukor
- ¼ csésze cukrozatlan kakaópor
- ½ teáskanál vanília kivonat
- 1 evőkanál piros ételfesték
- ⅛ teáskanál só
- ½ teáskanál fehér ecet
- 2 nagy tojás, enyhén felverve
- ¾ csésze univerzális liszt

A sajttorta töltelékéhez:
- 8 uncia csomag krémsajt megpuhult
- 3 evőkanál cukor
- ½ teáskanál vanília kivonat
- 1 nagy tojássárgája

UTASÍTÁS:
A BROWNIE TÉSZTA ELKÉSZÍTÉSE:

a) Melegítse elő a sütőt 350 ºF-ra. Egy mini muffin tepsit kikenünk főzőspray-vel.

b) Egy nagy tálban keverjük össze az olvasztott vajat, a cukrot, a kakaóport, a vanília kivonatot, az ételfestéket és a sót, majd keverjük hozzá a fehér ecetet.

c) Adjuk hozzá a tojásokat, és keverjük addig, amíg össze nem áll. Keverje hozzá a lisztet, amíg össze nem áll. Tegye félre a brownie keveréket.

KÉSZÍTSÜK EL A sajttorta töltelékét:

d) A lapáttal ellátott mixer táljában keverjük össze a krémsajtot a cukorral, a vaníliakivonattal és a tojássárgájával. Tegye át a sajttorta keveréket egy csőzsákba vagy zárható műanyag zacskóba, és vágja le a hegyét.

e) Egy kis fagylaltkanállal a mini muffinsütő minden egyes mélyedésébe kanalazunk körülbelül 1 evőkanál brownie tésztát.

Körülbelül 1 teáskanál sajttorta keveréket csepegtess a brownie-tészta tetejére, majd a sajttorta keveréket öntsd rá további 1 teáskanál brownie-tésztát. Fogpiszkáló segítségével forgasd össze a brownie-tésztát és a sajttorta keveréket.

f) Süssük a brownie falatokat körülbelül 12 percig, vagy amíg a sajttorta keverék teljesen meg nem sül. Vegye ki a brownie falatokat a sütőből, és hagyja hűlni őket körülbelül 5 percig, mielőtt kivenné őket.

28. VÖRÖS BÁRSONY Popcorn

Elkészítés: 8 adag

ÖSSZETEVŐK
- 16 csésze pattogatott kukorica
- 3 csésze vörös bársony tortamorzsa
- 20 uncia fehér csokoládé vagy fehér olvadó cukorka

UTASÍTÁS

a) A pattogatott kukoricát légpofa segítségével egy nagy tálba ütjük.

b) Olvasszuk fel a fehér csokoládét a csomagoláson található utasítások szerint. A fehér csokoládéhoz dupla bojlert használok.

c) Az olvasztott csokoládét öntsük a pattogatott kukoricára, és keverjük össze, hogy teljesen bevonja.

d) Öntse a pattogatott kukoricát egy viaszos papírral bélelt pultra, és szórja meg vörös bársony morzsával.

e) Hagyja teljesen megszáradni fogyasztás előtt.

29. VÖRÖS BÁRSONY Rice Krispies

Elkészítés: 12 adag

ÖSSZETEVŐK
- 10,5 uncia mini mályvacukor
- 3 evőkanál vaj
- ½ teáskanál
- ¾ csésze vörös bársonyos tortakeverék
- 6 csésze ropogós rizspehely
- ½ teáskanál piros ételfesték választható

UTASÍTÁS
a) Egy nagy lábosban közepes-alacsony lángon olvasszuk fel a vajat és a mini mályvacukrot.

b) Amikor a mályvacukor teljesen elolvadt, keverjük hozzá a vaníliás és vörösbársonyos tortakeveréket. Ha úgy érzi, hogy pirosabbnak kell lennie, ezen a ponton adjon hozzá ételfestéket.

c) Vegyük le a tűzről, és óvatosan keverjük hozzá a rizskrispie-t, amíg egyenletes bevonat nem lesz.

d) Ha minden összeállt, ossza el egyenletesen a habtálcák között.

e) Fedjük le a tálcákat műanyag fóliával és tálaljuk.

30. Vörös bársony Chips

Gyártmány: 1

ÖSSZETEVŐK:

- 4 közepes cékla, öblítse le és szeletelje vékonyra
- 1 teáskanál tengeri só
- 2 evőkanál olívaolaj
- Hummus, a tálaláshoz

UTASÍTÁS:

a) Melegítse elő a légsütőt 380°F-ra.

b) Egy nagy tálban dobd meg a céklát tengeri sóval és olívaolajjal, amíg jól bevonat nem lesz.

c) Tegye a répaszeleteket a légsütőbe, és terítse szét egy rétegben.

d) 10 percig pirítjuk. Keverjük össze, majd pirítsuk további 10 percig. Keverje újra, majd pirítsa utolsó 5-10 percig, vagy amíg a chips el nem éri a kívánt ropogósságot.

e) Kedvenc hummusszal tálaljuk.

31. Kapros és fokhagymás cékla

Elkészítés: 2 adag

ÖSSZETEVŐK:

- 4 cékla megtisztítva, meghámozva és felszeletelve
- 1 gerezd fokhagyma, felaprítva
- 2 evőkanál apróra vágott friss kapor
- ¼ teáskanál só
- ¼ teáskanál fekete bors
- 3 evőkanál olívaolaj

UTASÍTÁS:

a) Melegítse elő a légsütőt 380°F-ra.

b) Egy nagy tálban keverjük össze az összes hozzávalót, hogy a céklát jól bevonja az olaj.

c) Öntse a céklakeveréket a légsütő kosárba, és keverés előtt 15 percig pirítsa, majd folytassa a sütést még 15 percig.

32. Piros bársony előétel saláta

Elkészítés: 4 adag

ÖSSZETEVŐK

- 2 kiló cékla
- Só
- ½ mindegyik Spanyol hagyma, kockára vágva
- 4 Paradicsom meghámozva, kimagozva és felkockázva
- 2 evőkanál Ecet
- 8 evőkanál olívaolaj
- Fekete olajbogyó
- 2 db Gerezd fokhagyma, apróra vágva
- 4 evőkanál Olasz petrezselyem, apróra vágva
- 4 evőkanál Koriander, apróra vágva
- 4 médium Burgonya, főtt
- Só, bors
- Csípős pirospaprika

UTASÍTÁS:

a) Vágja le a cékla végét. Jól megmossuk, és forrásban lévő sós vízben puhára főzzük. Lecsöpögtetjük, és folyó hideg víz alatt eltávolítjuk a bőrt. Dobókocka.

b) Keverjük össze az öntet hozzávalóit.

c) Keverje össze a céklát egy salátástálban a hagymával, paradicsommal, fokhagymás korianderrel és petrezselyemmel. Öntsük rá az öntet felét, óvatosan forgassuk össze, és hűtsük 30 percig. A burgonyát szeleteljük fel, tegyük egy sekély tálba, és öntsük meg a maradék öntettel. Hideg.

d) Ha készen áll az összeállításra, helyezze el a céklát, a paradicsomot és a hagymát egy sekély tál közepén, és helyezze el körülöttük a burgonyát gyűrűben. Díszítsük olajbogyóval.

33. Cukorrépa csónakok

Elkészítés: 6 adag

ÖSSZETEVŐK:

- 8 kicsi Cékla
- 10 uncia rákhús, konzerv vagy friss
- 2 teáskanál Darált friss petrezselyem
- 1 teáskanál Citromlé

UTASÍTÁS:

a) Pároljuk a céklát 20-40 percig, vagy amíg megpuhul. Öblítsük le hideg vízzel, hámozzuk meg és hagyjuk kihűlni. Közben keverjük össze a rákhúst, a petrezselymet és a citromlevet.

b) Amikor a cékla kihűlt, félbevágjuk, és dinnyegombóccal vagy teáskanállal kikanalazzuk a közepét, így mélyedést készítünk. Töltsd meg rákkeverékkel.

c) Tálaljuk előételként, vagy ebédre rántott répa zöldjével együtt.

34. Vörös bársony rántások

Elkészítés: 6 adag

ÖSSZETEVŐK:

- 2 bögre Reszelt nyers cékla
- ¼ csésze Hagyma, kockára vágva
- ½ csésze Zsemlemorzsa
- 1 nagy Tojás, felvert
- ¼ teáskanál Gyömbér
- Só és bors ízlés szerint

UTASÍTÁS:

a) Keverje össze az összes összetevőt. Forró, olajozott rácsra kanalazzuk a palacsinta nagyságú adagokat.

b) Egyszer megforgatva barnára sütjük.

c) Vajjal, tejföllel, joghurttal vagy ezek bármilyen kombinációjával tálaljuk.

FŐÉTEL

35. Vörös bársony leves

Gyártmány: 2

ÖSSZETEVŐK
- ½ csésze cékla, kockára vágva
- ½ csésze sárgarépa, kockára vágva
- ½ csésze paradicsom, kockára vágva
- ¼ csésze hasított és bőrös vöröslencse
- 1 hagyma
- 4-5 gerezd fokhagyma
- 1 teáskanál vaj/ghí
- 1 evőkanál mandula szelet
- 1 teáskanál fekete bors por
- megkóstolni Sót

UTASÍTÁS
a) A vajat/ghi-t serpenyőben felhevítjük, és megdinszteljük a hagymát és a fokhagymát.

b) Adjuk hozzá az összes zöldségkockát és a megmosott lencsét, és pirítsuk egy ideig.

c) Adjunk hozzá egy csésze vizet, és nyomás alatt főzzük.

d) Ezután pürésítsük, és szitán vagy szűrőn átpasszírozzuk.

e) Adjon hozzá egy vagy több csésze vizet a kívánt vastagságnak megfelelően.

f) Sózzuk, fekete borsot adjuk, és kis lángon 5-7 percig főzzük.

36. Vörös bársony saláta céklával és mozzarellával

Elkészítés: 4 adag

ÖSSZETEVŐK

- ½ vörös káposzta
- ½ lime leve
- 3 evőkanál céklalé
- 3 evőkanál agave szirup
- 3 főtt cékla
- 150 gr mozzarella kis sajtgolyó
- 2 evőkanál metélőhagyma apróra vágva
- 2 evőkanál pörkölt fenyőmag

UTASÍTÁS

a) A vörös káposztát hámozóval finom szálakra vágjuk.

b) Vegyünk egy keverőtálat, és keverjük össze a cékla levét 2 evőkanál agave sziruppal és egy fél lime levével.

c) Ezt összekeverjük a felszeletelt vöröskáposztával, és fél órát hagyjuk pácolódni.

d) Utána hagyd a káposztát szitán lecsepegni.

e) A főtt céklából Parisienne gombóc segítségével kis golyókat kapunk.

f) Ezeket a golyókat meglocsoljuk 1 evőkanál agave sziruppal.

g) A fenyőmagot egy serpenyőben aranybarnára pirítjuk. A lecsöpögtetett vörös káposztát edénybe tesszük.

h) Tedd rá a céklát és a mozzarella golyókat. A tetejére osztjuk a fenyőmagot és a finomra vágott metélőhagymát.

37. Piros bársony csirke ujjak

Gyártmány: 12

ÖSSZETEVŐK:

- 12 db csirke szűzpecsenye
- 1 ½ csésze liszt
- Csipet só
- 1 ½ evőkanál sütőpor
- ¼ csésze porcukor
- 2 evőkanál kakaópor
- 1 ⅔ csésze tej
- 1 teáskanál vanília kivonat
- 1 uncia vörös ételfesték
- 1 tojás
- 5 nagy jégkocka
- Extra liszt
- Olaj a sütéshez

UTASÍTÁS:

a) A nedves hozzávalókat nagyon jól kikeverjük.

b) Keverjük össze a száraz hozzávalókat.

c) Adjuk hozzá a jeget a nedves hozzávalókhoz, majd öntsük a száraz hozzávalókhoz. Keverjük össze, amíg össze nem áll.

d) A csirkemellet megszórjuk sóval, beleforgatjuk a lisztet, és a masszába mártjuk.

e) 350°F-on 5 percig sütjük, amíg a csirke teljesen meg nem fő, szükség esetén megfordítva.

f) Állítsuk hűlni. Azonnal sózzuk. Tálaljuk mézes mustárral, barbecue szósszal vagy más ízesítővel.

38. VÖRÖS BÁRSONY Burger

Elkészítés: 4 adag

ÖSSZETEVŐK

- 2-3 szál kakukkfű apróra vágva
- ½ csésze céklalé
- 1/2 kocka friss élesztő
- 1 tojás, szétválasztva
- 250 g búzaliszt
- 1 evőkanál cukor
- kb 1 teáskanál só
- 40 g puha vaj
- 1 gerezd fokhagyma
- 1 evőkanál kapribogyó
- 120 gramm majonéz
- bors a darálóból
- 4-8 salátalevél, leöblítve és szárítva
- 1 marék céklacsíra, leöblítve és szárítva
- 500 g darált marhahús
- 1 evőkanál olívaolaj
- 1 mini uborka, szeletelve

UTASÍTÁS:

a) A cékla levét felforrósítjuk, belemorzsoljuk az élesztőt, és keverés közben felengedjük.

b) Az élesztős keveréket, a lisztet, a cukrot, a 1/2 teáskanál sót, a vajat, a kakukkfű levelek felét és a tojássárgáját sima tésztává gyúrjuk, letakarva meleg helyen kelesztjük 1 órát.

c) A tésztát összegyúrjuk, 4 lapos burger zsemlét formázunk, és még 20 percig kelesztjük.

d) A sütőt előmelegítjük 200°C-ra.

e) A tekercseket megkenjük tojásfehérjével, megszórjuk a maradék kakukkfűvel, és a sütőben 15-20 percig sütjük.

f) A zsemléket rácson hagyjuk kihűlni.

g) Az aiolihoz a fokhagymát meghámozzuk, és a kapribogyóval együtt apróra vágjuk.

h) A majonézt összekeverjük a fokhagymával és a kapribogyóval, majd sózzuk, borsozzuk.

i) A darált marhahúst sózzuk, borsozzuk és 4 hamburgerpogácsát formázunk belőle, grillserpenyőben, felhevített olajon mindkét oldalát 4-5 percig sütjük.

j) A zsemléket felvágjuk, mindkét felének vágott felületét megkenjük az aiolival, az alsó részüket beborítjuk salátával, burgerpogácsákkal, uborkaszeletekkel, céklacsírával, befedjük a felső felével, és tálaljuk.

39. Vörös bársony makréla céklával

Elkészítés: 4 adag

ÖSSZETEVŐK

- 2 spanyol makréla (egyenként kb. 2 font), pikkelyesen és megtisztítva, eltávolítva a kopoltyúkat
- 2¼ csésze édeskömény sóoldat
- 1 evőkanál olívaolaj
- 1 közepes hagyma, apróra vágva
- 2 közepes cékla, pörkölt, főtt, grillezett vagy konzerv; finomra vágott
- 1 fanyar alma, meghámozva, kimagozva és apróra vágva
- 1 gerezd fokhagyma, felaprítva
- 1 evőkanál finomra vágott friss kapor vagy édesköménylevél
- 2 evőkanál friss kecskesajt
- 1 lime, 8 szeletre vágva

UTASÍTÁS:

a) Öblítse le a halat, és tegye egy 1 gallonos, cipzárral zárható zacskóba a sóoldattal, nyomja ki a levegőt, és zárja le a zacskót. Hűtőbe tesszük 2-6 órára.

b) Melegítsük fel az olajat egy nagy serpenyőben közepes lángon. Adjuk hozzá a hagymát és pároljuk puhára, körülbelül 3 percig. Adjuk hozzá a céklát és az almát, és pároljuk, amíg az alma megpuhul, körülbelül 4 percig. Hozzákeverjük a fokhagymát és a kaprot, és körülbelül 1 percig melegítjük. Hűtsük le a keveréket szobahőmérsékletre, és keverjük hozzá a kecskesajtot.

c) Közben gyújtson meg egy grillsütőt közvetlen, közepes hőfokra, körülbelül 375 ¡F-ra.

d) Vegye ki a halat a sós léből, és szárítsa meg. Dobja ki a sóoldatot. Töltsük meg a hal üregeit a kihűlt répa-alma keverékkel, és ha szükséges, rögzítsük zsinórral.

e) Kenje meg a grillrácsot és kenje be olajjal. Grill a halat addig, amíg a bőre ropogós nem lesz, és a hal felülete átlátszatlannak tűnik, de a közepe még filmszerű és nedves (130¼F az azonnali leolvasású hőmérőn), oldalanként 5-7 percig. A halat egy tálra szedjük, és lime-karikákkal együtt tálaljuk.

40. Piros bársonyos rizottó

Gyártmány: 4

ÖSSZETEVŐK:

- 50 g vaj
- 1 hagyma, finomra vágva
- 250 g rizottó rizs
- 150 ml fehérbor
- 1 liter zöldségalaplé
- 300 g főtt cékla
- 1 citrom héjában és levében
- lapos petrezselyem kis csokor, durvára vágva
- 125 g puha kecskesajt
- egy marék dió, pirítva és apróra vágva

UTASÍTÁS:

41. Olvasszuk meg a vajat egy mély serpenyőben, és pároljuk a hagymát némi fűszerezéssel 10 perc alatt puhára. Dobja bele a rizst, és keverje addig, amíg minden szem be nem vonódik, majd öntse fel a borral, és buborékoltassa 5 percig.
42. Keverés közben merőkanállal adjuk hozzá az alaplevet, de csak akkor adjunk hozzá többet, ha az előző adag felszívódott.
43. Közben vegyük fel a cékla felét, és egy kis turmixgépben turmixoljuk simára, a maradékot pedig vágjuk fel.
44. Ha a rizs megfőtt, keverjük össze a felvert és apróra vágott céklát, a citrom héját és levét, valamint a petrezselyem nagy részét. Osszuk a tányérok közé, és tegyük a tetejére egy morzsolt kecskesajtot, a diót és a maradék petrezselymet.

45. Vörös bársony csúszkák

Elkészítés: 4 adag

ÖSSZETEVŐK:
RÉPA
- 1 gerezd fokhagyma enyhén összetörve és meghámozva
- 2 sárgarépa meghámozva, feldarabolva
- Csipet Só és bors
- 1 hagyma, meghámozva és negyedelve
- 4 cékla
- 1 evőkanál kömény
- 2 szár zeller leöblítve, levágva

ÖLTÖZKÖDÉS:
- ½ csésze majonéz
- ⅓ csésze író
- ½ csésze apróra vágott petrezselyem, metélőhagyma, tárkony vagy kakukkfű
- 1 evőkanál citromlé frissen facsart
- 1 teáskanál szardellamassza
- 1 gerezd fokhagyma apróra vágva
- Só & bors

FELTÉTEL:
- Csúszó zsemle
- 1 vékonyra szeletelt vöröshagyma
- Maréknyi vegyes mikrozöld

UTASÍTÁS:
ÖLTÖZKÖDÉS
a) Keverje össze az írót, a fűszernövényeket, a majonézt, a citromlevet, a szardellapasztát, a fokhagymát, a sót és a borsot.
RÉPA

b) Holland sütőben 55 percig főzzük a céklát, a zellert, a sárgarépát, a hagymát, a fokhagymát, a köménymagot, a sót és a borsot.

c) A céklát meghámozzuk és szeletekre vágjuk.

d) A répaszeleteket mindkét oldalukon 3 percig pirítjuk egy spray-bevonatú serpenyőben.

ÖSSZEGYŰLNI

e) Helyezze el a csúszó zsemléket egy tányéron, és tegye rá céklát, vinaigrettet, lilahagymát és mikrozöldeket.

f) Élvezd.

46. Garnélarák amaránttal és kecskesajttal

Gyártmány: 4

ÖSSZETEVŐK:
- 2 cékla spirálozva
- 4 uncia lágyított kecskesajt
- ½ csésze rukkola mikrozöld enyhén aprítva
- ½ csésze Amaranth Microgreens enyhén aprítva
- 1 font garnélarák
- 1 csésze darált dió
- ¼ csésze nyers nádcukor
- 1 evőkanál vaj
- 2 evőkanál extra szűz olívaolaj

UTASÍTÁS:
a) Hagyja a kecskesajtot 30 percre megpuhulni, mielőtt elkezdi az előkészületeket.

b) A sütőt előmelegítjük 375 fokra

c) Melegíts fel egy serpenyőt mérsékelt lángon.

d) Adjuk hozzá a diót, a cukrot és a vajat a serpenyőbe, és mérsékelt lángon gyakran keverjük.

e) Folyamatosan keverjük, amikor a cukor olvadni kezd.

f) Miután a diót bevontuk, azonnal tegyük át egy sütőpapírra, és válasszuk szét a diót, hogy ne keményedjenek meg. Félretesz, mellőz

g) Vágja a céklát spirálokra.

h) Dobja meg a spirálokat olívaolajjal és tengeri sóval.

i) A répát kinyújtjuk egy tepsire, és a sütőben 20-25 percig sütjük.

j) Mossa le a garnélarákot, és tegye egy serpenyőbe.

k) Töltsön meg egy serpenyőt vízzel és tengeri sóval. Felforral.

l) Engedje le a vizet, és tegye jeges fürdőbe, hogy abbahagyja a főzést.

m) Vágja le és enyhén aprítsa fel a rukkola mikrozöldjét. Félretesz, mellőz.

n) Adjon mikrozöldeket a lágy sajthoz, hagyjon félre néhány csipetnyi mikrozöldet.

o) Keverjük össze a mikrozöldeket és a sajtot.

p) A sajtos keveréket golyóvá kaparjuk.

q) Tányér cékla.

r) Adjunk hozzá egy kanál sajtot a cékla tetejére.

s) Helyezze a diót a tányér köré.

t) Adjuk hozzá a garnélarákot, és szórjuk meg a maradék mikrozölddel, sóval és törött borssal.

47. Grillezett kagyló és kelkáposzta friss répamártással

Elkészítés: 4 adag

ÖSSZETEVŐK:

- 1¼ csésze friss céklalé
- Gyümölcsös olívaolaj
- 1 teáskanál fehérborecet
- Kóser só; megkóstolni
- Frissen őrölt fekete bors; megkóstolni
- 1¼ font Friss tengeri kagyló
- Néhány csepp friss citromlé
- 1 font Fiatal kelkáposztalevél; kemény középső mag eltávolítva
- Néhány csepp Sherry ecet
- Friss metélőhagyma; rúdra vágjuk
- Apró kocka sárga kaliforniai paprika

UTASÍTÁS:

a) Helyezze a cékla levét egy nem reaktív serpenyőbe, és forralja, amíg körülbelül ½ csészére csökken.

b) A tűzről levéve 2-3 evőkanál olívaolajat lassan habverővel keverj fel, hogy a szósz besűrűsödjön. Belekeverjük a fehérborecetet, ízlés szerint sózzuk, borsozzuk. Tedd félre és tartsd melegen.

c) Enyhén olajozzuk meg a tengeri herkentyűket, és ízesítsük sóval, borssal és néhány csepp citromlével.

d) Kenjük meg a kelkáposzta leveleit olajjal, és enyhén fűszerezzük. Grill kelkáposzta mindkét oldalán, amíg a levelek kissé elszenesednek és átsülnek.

e) Grill a tengeri herkentyűket egészen megfőzésig (a közepe kissé átlátszatlan legyen). A kelkáposztát tetszetősen rendezze el a meleg tányérok közepén, és csepegtessen rá néhány csepp sherryecetet.

f) Tegyünk a tetejére tengeri herkentyűket, és kanalazzuk körbe répaszószt. Díszítsük metélőhagyma rúddal és sárga borssal, és azonnal tálaljuk.

LEVES

48. Répaborscs

Elkészítés: 2 adag

ÖSSZETEVŐK:

- 1 doboz egész céklát
- 4 csésze víz
- 1 egész hagyma, meghámozva
- só
- 2 púpozott evőkanál cukor
- ¼-½ teáskanál savanyú só

UTASÍTÁS:

a) Pároljuk a hagymát vízben 10 percig. Hozzáadjuk a reszelt (reszelt) céklát a lével és az összes többi hozzávalóval.

b) 5 percig pároljuk. több.

c) Kóstolja meg és állítsa be a fűszereket.

d) Melegen vagy hidegen tálaljuk.

49. Káposzta- és céklaleves

Kiszerelés: 8 adag

ÖSSZETEVŐK:

- 1 medál káposzta; szeletelve vagy ékre vágva
- 3 fokhagyma; szegfűszeg ledarálva
- Cukorrépa; csokor
- 3 sárgarépa; kevés
- 1 Lg Hagyma
- 2 zeller; 3.-ba vágott szárak
- 3 font Csont; hús/velő csontok
- 2 citrom
- 2 doboz Paradicsom; ne eressze le

UTASÍTÁS:

a) Tegye a húst és a csontokat egy 8 vagy 12 qt-s főzőedénybe. Paradicsomkonzervekbe tesszük, felöntjük vízzel és felforraljuk.

b) Addig is készítse elő a zöldségeket. A répát és a sárgarépát felszeleteljük, a többi egészben megy. Amikor felforr az alaplé, leszedjük a tetejét.

c) Tegye bele céklát, sárgarépát, fokhagymát és egyéb zöldségeket. Vedd le a hőt lassú tűzre, és tartsd ferdén a fedőt.

d) Körülbelül egy óra múlva tedd bele a fokhagymát és a cukrot.

50. Cékla és író leves

Kiszerelés: 6 adag

ÖSSZETEVŐK:

- 5 cékla
- 3 csésze író
- ¾ csésze apróra vágott zöldhagyma
- ⅔ csésze könnyű tejföl
- 2 evőkanál apróra vágott friss kapor vagy koriander
- 1½ teáskanál kristálycukor
- 1½ teáskanál fehér ecet
- ¼ teáskanál Só
- 1 csésze uborka; (hámozatlan kockára vágva)
- Friss kapor vagy koriander gallyak

UTASÍTÁS:

a) Forrásban lévő sós vízben letakarva főzzük a céklát, amíg megpuhul, és a héja könnyen lecsúszik róla körülbelül 25 perc alatt. Lecsepegtetjük és hagyjuk kihűlni; csúsztassa le a bőrt, és vágja 5 mm-es kockákra. Fedjük le és hűtsük le.

b) Egy nagy tálban keverje össze az írót, ½ csésze (125 ml) hagymát, tejfölt, kaprot, cukrot, ecetet és sót. Fedjük le és tegyük hűtőbe, amíg kihűl, vagy legfeljebb 6 órán keresztül. Kóstolja meg és állítsa be a fűszerezést.

c) Merítse az írókeveréket a tálalóedényekbe. Forgasd bele a céklát és az uborkát.

d) Díszítsük a maradék zöldhagymával és kaporral vagy korianderrel.

51. Cukorrépa curry

Elkészítés: 4 adag

ÖSSZETEVŐK:

- 3 evőkanál Ghee
- 1 csipet köménymag
- Minden babérlevél 1 db
- 2½ evőkanál szeletelt hagyma
- ¼ teáskanál Cayenne
- ¼ teáskanál Garam masala
- 1 közepes burgonya, kockára vágva
- ½ csésze zöldborsó
- 15 uncia cékla főzve és kockára vágva
- ½ teáskanál Só

UTASÍTÁS:

a) Melegítsd a ghí-t és pirítsd meg a köménymagot, a babérlevelet, a fűszerezett hagymát, a cayenne-t és a garam masala-t 1 percig.

b) Adjuk hozzá a burgonyát, a borsót és a céklát, és főzzük óvatosan 2 percig. Adjunk hozzá sót és kevés vizet.

c) Óvatosan főzzük, amíg a burgonya megpuhul.

d) Rizzsel tálaljuk.

52. Krémes cékla leves

Elkészítés: 6 adag

ÖSSZETEVŐK:

- 1 font cékla, meghámozva és durvára vágva (kb. 3 közepes)
- 1 nagy hagyma, durvára vágva
- 1 friss majoránnaág VAGY
- 1 teáskanál szárított, apróra vágott friss kakukkfű
- 3 evőkanál sótlan vaj
- 1 liter csirke- vagy zöldségleves
- ½ csésze kemény tejszín
- 2 evőkanál jó vörösborecet
- Só
- Bors
- ½ csésze kemény tejszín, enyhén felverve
- Kis krutonok
- ¼ csésze apróra vágott friss fűszernövények, például kapor vagy majoránna

UTASÍTÁS:

a) A répát, a hagymát és a majoránnát vajban egy 4 literes fazékban közepes lángon főzzük, amíg a hagyma enyhén megpuhul, körülbelül 10 percig. Adjuk hozzá a húslevest, fedjük le részben az edényt, és pároljuk körülbelül 30 percig, amíg a cékla teljesen megpuhul.

b) Ellenőrizze őket úgy, hogy egy fakanállal próbálja összenyomni az edény oldalát. Ha szükséges, tovább pároljuk.

c) A levest turmixgépben vagy konyhai robotgépben pürésítjük. Ha azt szeretnénk, hogy a leves simább állagú legyen, szűrjük át egy közepes lyukméretű szűrőn. Adjunk hozzá tejszínt vagy ecetet, és forraljuk vissza a levest. Sózzuk, borsozzuk.

d) Tálaláshoz merítse tálakba, és díszítse tejszínhabbal, krutonnal és fűszernövényekkel, vagy tálalja a köreteket külön, és hagyja, hogy az étkezők segítsenek magukon.

53. Spenót és cékla leves

Kiszerelés: 8 adag

ÖSSZETEVŐK:

- ½ csésze csicseriborsó
- 2 csésze spenót; apróra vágva
- 1 csésze vesebab
- 1 csésze friss kaporfű -vagy-
- ¼ csésze szárított kaporfű
- 1 csésze lencse
- 4 cékla; hámozott és apróra kockázva
- 1 nagy hagyma; apróra vágva (akár)
- 2 evőkanál liszt (legfeljebb)
- 2 levescsont; választható
- Sült hagyma és száraz mentalevél (díszítéshez)
- Só és bors ízlés szerint
- Olaj sütéshez (max.)
- 8 csésze víz

UTASÍTÁS:

a) Áztasd be a csicseriborsót és a babot 2 órára vagy egy éjszakára. A lencsét 1-2 csésze vízben puhára, de nem pépesre főzzük, majd félretesszük.

b) A csontokat és a hagymát olajon egy nagy vízforralóban megpirítjuk. Ízlés szerint fűszerezzük, és adjunk hozzá vizet, csicseriborsót, babot és céklát. Addig főzzük, amíg a csicseriborsó megpuhul.

c) Távolítsa el a csontokat, és adjon hozzá spenótot, kaprot és lencsét. Időnként megkeverjük. Közben a lisztet kevés olajon megpirítjuk, és a leveshez adjuk, hogy besűrűsödjön.

d) Tegye alacsony lángra a levest, és gyakran keverje készre. Tálaljuk egy tálba, és díszítsük pirított hagymával vagy forró olajhoz hozzáadott szárított mentalevéllel.

54. Vörös bársony leves

Elkészítés: 2 adag

ÖSSZETEVŐK:

- 1 nagy cékla
- 1 csésze víz
- 2 csipet köménypor
- 2 csipet bors
- 1 csipet fahéj
- 4 csipet só
- Kifacsarni a citromot
- ½ evőkanál ghí

UTASÍTÁS:

a) A céklát megfőzzük, majd meghámozzuk.
b) Keverje össze vízzel és szűrje le, ha szükséges.
c) Forraljuk fel a keveréket, majd adjuk hozzá a többi hozzávalót és tálaljuk.

SALÁTÁK

55. Cékla narancssárga Gremolatával

Gyártmány: 12 adag

HOZZÁVALÓK:
- 3 arany cékla , vágva
- 2 evőkanál limelé
- 1 teáskanál narancshéj
- 2 evőkanál napraforgómag
- 1 evőkanál darált petrezselyem
- 3 evőkanál kecskesajt
- 1 evőkanál darált s kor
- 2 evőkanál narancslé
- 1 gerezd fokhagyma, felaprítva

UTASÍTÁS:

a) Melegítse elő a légsütőt 400 fokra . Hajtsa össze a nagy teherbírású fóliát a répák köré , és tegyük egy tálcára a légsütő kosárba.

b) Főzzük puhára, 50 perc . P angolna, felezzük és szeleteljük a céklát ; tegyük egy tálba.

c) Adjunk hozzá lime-levet, narancslevet és sót .

d) Megszórjuk petrezselyemmel, zsályával, fokhagymával és narancshéjjal, és megszórjuk kecskesajttal és napraforgómaggal.

56. Cékla zöldekkel és reszelt sárgabarackkal

Elkészítés: 4 adag

ÖSSZETEVŐK:

- 1 közepes csokor cékla zölddel
- 1/3 csésze friss citromlé
- 2 evőkanál világos barna cukor
- ½ csésze szárított sárgabarack
- Só és frissen őrölt fekete bors

UTASÍTÁS:

a) Melegítsük elő a sütőt 400°F-ra. Távolítsa el a zöldeket a cékláról, alaposan mossa meg, majd vágja keresztben ½ hüvelyk széles csíkokra. Félretesz, mellőz. Jól dörzsölje le a céklát.

b) Csomagolja be szorosan alufóliába a céklát, és süsse puhára, körülbelül 1 órán keresztül.

c) Amíg a cékla sül, helyezzük a sárgabarackot egy kis hőálló tálba, és öntsük le forrásban lévő vízzel, hogy körülbelül 10 percre megpuhuljanak. Lecsöpögtetjük, vékony szeletekre vágjuk és félretesszük.

d) Ha megsült a cékla, csomagolja ki és tegyük félre hűlni. Amikor elég kihűlt kezelni, hámozzuk meg a céklát, vágjuk 1/4 hüvelyk vastag szeletekre, majd tegyük félre.

e) Egy kis serpenyőben keverjük össze a citromlevet, a cukrot és a szeletelt sárgabarackot, és forraljuk fel. Csökkentse a hőt alacsonyra, és párolja 5 percig. Félretesz, mellőz.

f) Helyezze a fenntartott zöldeket egy serpenyőbe 2 evőkanál vízzel. Fedjük le és forraljuk fel, majd mérsékeljük a lángot közepesre, és addig főzzük, amíg a zöldek megfonnyadnak és a folyadék elpárolog kb. 2 percig. A sárgabarack-citromos keveréket a zöldekhez keverjük, és ízlés szerint sózzuk, borsozzuk.

Hozzáadjuk a répaszeleteket, és körülbelül 3 percig főzzük. Azonnal tálaljuk.

57. Cékla édeskömény saláta

Elkészítés: 2 adag

ÖSSZETEVŐK:

- 3 csésze apróra vágott zöld
- ¼ izzó édeskömény, vékonyra szeletelve
- ½ csésze apróra vágott főtt brokkoli rózsa
- ½ csésze apróra vágott cékla
- 1-2 evőkanál extra szűz olívaolaj
- ½ citrom leve

UTASÍTÁS:

a) Egy nagy tálban keverjük össze a zöldeket, az édesköményt, a brokkolit és a céklát.

b) Meglocsoljuk olívaolajjal és citromlével.

58. Répa mogyoró saláta

Elkészítés: 2 adag

ÖSSZETEVŐK:
- 2 csésze bébispenót
- ½ avokádó, kockára vágva
- 1 csésze répa, kockára vágva
- ¼ csésze mogyoró
- 2 evőkanál extra szűz olívaolaj
- 1 evőkanál balzsamecet

UTASÍTÁS:

a) Tedd egy tálba a spenótot, az avokádót, a céklát és a mogyorót. Öltöztesd be olajjal és ecettel.

b) Dobd fel és élvezd.

59. Cékla és paradicsom saláta

Elkészítés: 2 adag

ÖSSZETEVŐK:

- ½ csésze friss paradicsom – apróra vágva
- ½ csésze főtt cékla – apróra vágva
- 1 evőkanál növényi olaj
- ¼ evőkanál mustármag
- ¼ evőkanál köménymag
- Csipet kurkuma
- 2 csipet asafoetida
- 4 curry levél
- Só ízlés szerint
- Cukor ízlés szerint
- 2 evőkanál földimogyoró por
- Frissen vágott korianderlevél

UTASÍTÁS:

a) A mustármag hozzáadása előtt felforrósítjuk az olajat.

b) Amikor elkezdenek pattogni, adjuk hozzá a köményt, a kurkumát, a curry leveleket és az asafoetidát.

c) Dobd fel a céklát és a paradicsomot fűszerkeverékkel, mogyoróporral, sóval, cukorral és ízlés szerint korianderlevéllel.

60. Vegyes zöldsaláta céklával

Elkészítés: 4 adag

ÖSSZETEVŐK:

a) 2 közepes cékla, teteje levágva
b) 2 evőkanál kalciummal dúsított narancs gyümölcslé
c) 1 ½ teáskanál méz
d) ⅛ teáskanál só
e) ⅛ teáskanál fekete bors
f) ¼ csésze olívaolaj
g) 2 evőkanál nyers, hántolt napraforgómag
h) 1 narancs, szeletekre vágva
i) 3 csésze csomagolt vegyes saláta zöld
j) ¼ csésze csökkentett zsírtartalmú feta sajt, morzsolva

UTASÍTÁS:

- Egy közepes lábosban öntsük fel vízzel a céklát. Forrald fel, majd vedd le alacsony lángra.
- 20-30 percig főzzük, vagy amíg a villát megpuhul, lefedjük. A céklát le kell csöpögtetni.
- Amikor a cékla elég kihűlt ahhoz, hogy kezelni lehessen, folyó víz alatt meghámozzuk és szeletekre vágjuk.
- Közben egy üvegben keverjük össze a narancslevet, a mézet, a fokhagymát, a sót és a borsot.
- Addig rázzuk bele az olívaolajat, amíg az öntet sima nem lesz. Vegye ki az egyenletből.
- Egy kis serpenyőben olvasszuk fel a vajat közepes-alacsony lángon.
- Száraz serpenyőben pirítsd meg a napraforgómagot 2-3 percig, vagy amíg aromás nem lesz.

- Dobja a céklát, a napraforgómagot, a narancsszeleteket, a vegyes zöldeket és a feta sajtot egy nagy tálba.

61. Szivárványrépa és pisztácia saláta

Elkészítés: 2 adag

ÖSSZETEVŐK:
- 2 kis csokor szivárványos répa, levágva
- Repceolaj cékla számára

BASILIKOS CITROMOS OLÍVAOLAJ:
- 2 csésze lazán csomagolt bazsalikom
- kevés ¼ csésze olívaolaj
- ½ citrom leve
- csipet kóser só
- 1 evőkanál apróra vágott pisztácia
- 1 csésze Micro Greens
- Citrusfűsó – opcionális

UTASÍTÁS:
a) Dobd fel a céklát 1-2 evőkanál repceolajjal, amíg finoman be nem vonódik.

b) Helyezze a céklát egy peremes tepsire, fedje le alufóliával, és süsse a grillen 30-45 percig, vagy amíg megpuhul és megpirul.

c) Távolítsa el a céklák héját, és dobja ki.

d) A bazsalikomos olívaolaj elkészítéséhez az összes hozzávalót turmixgépben turmixoljuk simára.

e) Két kis tányér aljára csorgassunk kevés bazsalikom olívaolajat.

f) Minden tányérra szórjunk kis mennyiségű mikrozöldet, a cékla felét, citrusfüves sót és pisztáciát.

g) Helyezze a maradék mikrozöldet minden tányér tetejére.

62. Rózsaszín vörös bársony saláta

Elkészítés: 2 adag

ÖSSZETEVŐK
SALÁTA
- 4 egész sárgarépa
- ⅓ közepes vöröshagyma, felszeletelve
- 1 nagy répa
- 1 rózsaszín grapefruit, szeletelve
- 1 marék durvára vágott pisztácia

VINAIGRETTE
- ½ csésze olívaolaj
- ¼ csésze rizsborecet
- 1 teáskanál mustár
- 1 teáskanál juharszirup
- 1-2 gerezd fokhagyma, felaprítva
- só és bors ízlés szerint

UTASÍTÁS:
- Vágja fel a céklát közepes szeletekre, és tegye a mikrohullámú sütőben használható edény, fedő és mikro, amíg a villa megpuhul. Az enyém 6 és fél percig tartott. Úgy döntök, hogy nem hámozom meg az enyémet, mert nem bánom a bőrt, de azt csinálom, amit szeretsz.
- Sárgarépa hámozóval borotváljon le hosszú csíkokat minden sárgarépáról, amíg el nem éri a magot, és már nem tud borotválni. Tartsa meg a magokat, hogy később rágcsálja.
- Egy nagy tálba helyezzük a saláta összes hozzávalóját, kivéve a pisztáciát.
- Egy másik tálba tedd az öntet összes hozzávalóját, és keverd addig, amíg emulgeál.

- Ha készen áll a saláta tálalására, öntsön rá annyi öntettel, hogy bevonja, a többit pedig tartsa a holnapi salátára.
- Szórjuk rá a pisztáciát, és már mehet is.

63. Sárga répa saláta körtével

Elkészítés: 2 adag

ÖSSZETEVŐK:

- 3-4 közepes sárga cékla
- 2 evőkanál fehér balzsamecet
- 3 evőkanál vegán majonéz, házi készítésű (lásd Vegán majonéz) vagy bolti
- 3 evőkanál vegán tejföl, házilag (lásd Tofu tejföl) vagy bolti
- 1 evőkanál szójatej
- 1½ evőkanál darált friss kaporfű
- 1 evőkanál darált medvehagyma
- ½ teáskanál só
- ¼ teáskanál frissen őrölt fekete bors
- 2 érett Bosc körte
- 1 citrom leve
- 1 kis fej piros saláta, falatnyi darabokra tépve

UTASÍTÁS:

a) Pároljuk puhára a céklát, majd hűtsük le és hámozzuk meg. A répát gyufaszálra vágjuk, és egy sekély tálba tesszük. Adjuk hozzá az ecetet, és forgassuk bevonni. Félretesz, mellőz.

b) Egy kis tálban keverjük össze a majonézt, a tejfölt, a szójatejet, a kaporfüvet, a medvehagymát, a sót és a borsot. Félretesz, mellőz.

c) A körtéket kimagozzuk, és 1/4 hüvelykes kockákra vágjuk. A körtéket egy közepes tálba tesszük, hozzáadjuk a citromlevet, és óvatosan összeforgatjuk. Osszuk el a salátát 4 saláta tányérra, majd kanalazzuk rá a körtét és a répát. Az öntetet a salátára öntjük, megszórjuk pekándióval, és tálaljuk.

64. Cékla és tofu saláta

Elkészítés: 4 adag

ÖSSZETEVŐK:

- 3 cékla; hámozott VAGY 5 kis cékla
- 1 kis vörös Bermuda hagyma; vékony karikákra szeleteljük és szétválasztjuk
- 1 font Szilárd vagy extra kemény tofu; leszűrjük és fél centis kockákra vágjuk
- ¼ csésze vörösbor ecet
- 2 evőkanál balzsamecet
- ¼ csésze olívaolaj; vagy kevésbé ízlés szerint
- ½ teáskanál szárított oregánó
- Só, bors

UTASÍTÁS:

a) Villával tesztelve főzzük puhára a céklát: a nagy céklát 45 percig is felforraljuk és főzzük.

b) Amikor már elég kihűlt, vágja félbe a céklát, majd szeletelje fel mindegyik felét ¼ hüvelykes szeletekre. Tedd egy tálba. Adjuk hozzá az öntetet. Finoman keverjük össze, hogy összeálljon.

c) Kóstolja meg a fűszereket. Azonnal vagy lehűtve tálaljuk. Közvetlenül tálalás előtt ismét átforgatjuk.

65. Grapefruit, répa és kéksajtos saláta

Elkészítés: 1 adag

ÖSSZETEVŐK:

- ½ csokor vízitorma; durva szárát eldobjuk
- 1 Grapefruit
- 1 uncia kék sajt; apró vékony szeletekre vágjuk
- 2 Hámozott főtt cékla, durvára reszelve
- 4 teáskanál extra szűz olívaolaj
- 1 evőkanál balzsamecet
- Ízlés szerint durva só
- Ízlés szerint durvára őrölt bors

UTASÍTÁS:

a) Osszuk el a vízitormát 2 saláta tányérra, és rendezzük el dekoratívan a grapefruit-szeleteket és a sajtot.

b) Egy kis tálban keverjük össze a céklát, 2 teáskanál olajat és ecetet, és osszuk el a saláták között.

c) A salátákat meglocsoljuk a maradék olajjal, és sózzuk, borsozzuk.

66. Vörös bársony burgonyasaláta

Elkészítés: 4 adag

ÖSSZETEVŐK:

- 1 kg kék burgonya
- 200 g cékla
- Só
- Bors
- 2 csokor újhagyma
- 250 g tejföl
- 5 evőkanál fehérborecet
- 2 csokor retek
- ¼ ágy zsázsa
- ¼ répa

UTASÍTÁS:
a) A burgonyát és a répát alaposan megmossuk, majd bő, sós vízben körülbelül 15 percig főzzük.

b) Az újhagymát megmossuk, megtisztítjuk és vékony csíkokra vágjuk.
c) Az újhagymát jeges vízbe tesszük, hogy felcsavarjon.
d) Keverjük össze a tejfölt és az ecetet – ízesítsük sóval és borssal.
e) A burgonyát lecsöpögtetjük, lehúzzuk, meghámozzuk és durvára felkockázzuk.
f) A répát hideg vízzel leöblítjük, meghámozzuk és vékony szeletekre vágjuk.
g) A retket alaposan megmossuk, megtisztítjuk és negyedeljük.
h) Az öntettel összekeverjük a burgonyát, a céklát, az újhagymát és a retket.
i) Tálkákba rendezzük. Megszórjuk zsázsával.

67. Céklasaláta kecskesajttal és dióval

Gyártmány: 4

ÖSSZETEVŐK

2 kiló bébi cékla (piros, sárga és/vagy Chioggia), nyírva, szárak és levelek fenntartva
Extra szűz olívaolaj
Kóser só
½ csésze darált mogyoróhagyma (kb. 2 közepes mogyoróhagyma)
7 evőkanál vörösborecet
Frissen őrölt fekete bors
8 uncia friss puha kecskesajt
3 evőkanál vékonyra szeletelt friss metélőhagyma
½ csésze univerzális liszt
2 nagy tojás
1 csésze panko zsemlemorzsa
Szőlőmagolaj vagy más növényi olaj
1 csésze friss lapos petrezselyem, durvára vágva
½ csésze pirított dió, durvára vágva

1. A céklát megpirítjuk. Melegítse elő a sütőt 450°F-ra. Rendezzük el a céklát egyetlen rétegben egy 9 x 13 hüvelykes tepsiben. Adjunk hozzá annyi vizet, hogy a cékla oldalának feléig érjen. Meglocsoljuk olívaolajjal és bőségesen ízesítjük sóval. Fedjük le a tepsit alufóliával és szorosan zárjuk le. A céklát 1-1 óra 15 percig sütjük, vagy villával megszúrva, amíg megpuhul.
2. Készítsd el a pácot. Amíg a cékla sül, egy közepes tálban keverj össze ¼ csésze medvehagymát, 6 evőkanál vörösborecetet és ½ teáskanál sót.
3. Hámozzuk meg és pácoljuk be a céklát. Amikor a cékla elég hideg ahhoz, hogy kezelni tudja, de még meleg, papírtörlővel finoman dörzsölje le a bőrét. A céklát félbe vagy negyedelve tedd át egy nagy tálba. Ízlés szerint sózzuk, borsozzuk. Öntsük a pácot a répára; kabátba dobni. 30 percig állni hagyjuk pácolódni.
4. Főzzük meg a répa szárát és levelét. Vágja a répa szárát 2 hüvelykes darabokra. Forgassa a leveleket egy szűk rönkbe, és vágja ferdén hosszú, 1 hüvelyk széles csíkokra. Egy serpenyőben 1

evőkanál olívaolajat melegíts fel közepes lángon. Hozzáadjuk a szárakat, és sóval ízesítjük. Időnként megkeverve főzzük 3-5 percig, amíg kissé megpuhul. Adjuk hozzá a répaleveleket, és ízesítsük sóval, borssal. Időnként megkeverve főzzük 2-4 percig, amíg megfonnyad. Hozzákeverjük a maradék 1 evőkanál vörösborecetet. Levesszük a tűzről.

5. Kecskesajtos köröket formázunk. Vegye ki a kecskesajtot a hűtőszekrényből, és hagyja állni szobahőmérsékleten körülbelül 10 percig, amíg kissé megpuhul. Egy tálban keverjük össze a metélőhagymát, a maradék ¼ csésze medvehagymát és a kecskesajtot. Fűszerezzük 1 teáskanál sóval és ½ teáskanál borssal. Addig keverjük, amíg teljesen össze nem keveredik. Kezével formáljon négy egyforma golyót, majd óvatosan lapítsa mindegyiket egy ¼ hüvelyk vastag gömbölyűvé. Tegye át a köröket egy tányérra.

6. Panírozzuk be a kecskesajtot. A lisztet egy lapos edénybe szórjuk, és sóval, borssal ízesítjük. A tojásokat egy sekély tálba ütjük, és addig verjük, amíg össze nem áll. A zsemlemorzsát egy másik lapos edényre szórjuk. Egyenként dolgozva a kecskesajt köröket alaposan bekenjük a lisztbe; koppintson le minden felesleget. Mindkét oldalát a tojásba mártjuk, hagyjuk, hogy a felesleg lecsepegjen, majd a zsemlemorzsába; nyomja meg, hogy a zsemlemorzsa tapadjon-e. Helyezze a köröket egy tányérra, és fedje le műanyag fóliával; hűtsük le a hűtőben egészen a sütés előtt.

7. Ropogasd meg a kecskesajtot. Közvetlenül tálalás előtt vegyük ki a kecskesajtokat a hűtőből. Béleljünk ki egy tányért papírtörlővel. Egy öntöttvas serpenyőben vagy serpenyőben hevíts fel egy vékony réteg szőlőmagolajat közepesen magas hőmérsékleten, amíg forró. Az olaj elég forró, amikor néhány zsemlemorzsa azonnal serceg, amikor a serpenyőbe adjuk. Adjuk hozzá a kecskesajtos köröket. Oldalanként 2-4 percig sütjük, amíg aranybarna és ropogós nem lesz. Tegyük a tányérra, és ízesítsük sóval, borssal.

8. Fejezze be és tálalja a salátát. Adjuk hozzá a petrezselymet és a diót a sült répához; keverjük alaposan össze. Osszuk el a répa

zöldjét (leveleit), a szárat és a sült céklát a tálaláskor. Mindegyik tetejére egy kör kecskesajtot teszünk, és tálaljuk.

OLDALOK

68. Sült gyökérzöldségek

Gyártmány: 6-8 adag

ÖSSZETEVŐK:

- 3 kiló kockára vágott cékla
- 1 kis vöröshagyma
- ¼ csésze kókuszolaj
- 1 ½ teáskanál kóser só
- ¼ teáskanál frissen őrölt fekete bors
- 2 evőkanál rozmaringlevél apróra vágva

UTASÍTÁS:

a) Rendezzünk rácsot a sütő közepére, és melegítsük elő a sütőt 425°F-ra.

b) A gyökérzöldségeket és a lilahagymát egy peremes tepsire helyezzük. Meglocsoljuk ¼ csésze kókuszolajjal, megszórjuk kóser sóval és fekete borssal, és feldobjuk, hogy egyenletesen bevonódjon. Egyenletes rétegben szétterítjük.

c) 30 percig sütjük.

d) Vegyük ki a tepsit a sütőből, szórjuk meg a zöldségeket rozmaringgal, és keverjük össze. Egyenletes rétegben terítsük vissza.

e) Folytassa a sütést, amíg a zöldségek megpuhulnak és karamellizálódnak, még 10-15 percig.

69. Cékla Grand Marnierben

Elkészítés: 6 adag

ÖSSZETEVŐK:

- 6 cékla, dörzsölve és vágva
- 2 evőkanál édes vaj
- 3 evőkanál Grand Marnier
- 1 teáskanál reszelt narancshéj

UTASÍTÁS:

a) Forró víz fölé állított párolóban pároljuk a céklát lefedve 25-35 percig, vagy amíg meg nem puhul.

b) Frissítse fel a céklát hideg víz alatt, húzza le a héját, és vágja ⅜ hüvelykes szeletekre.

c) Egy nagy serpenyőben a vajban mérsékelt lángon, keverés közben 3 percig főzzük a céklát.

d) Keverje hozzá a Grand Marnier-t, a narancshéjat és ízlés szerint sót; a keveréket lefedve pároljuk 3 percig.

70. Cékla tejfölben

Elkészítés: 4 adag

ÖSSZETEVŐK:

- 16 uncia Cékla konzerv, lecsöpögtetve és kockára vágva
- 1 evőkanál almaecet
- ¼ teáskanál Mindegyik fokhagyma só és bors
- ¼ csésze tejföl
- 1 teáskanál cukor

UTASÍTÁS:

a) Keverje össze az összes hozzávalót 1 qt üveges serpenyőben. Óvatosan keverjük össze.

b) Mikrohullámú sütőben, lefedve, 3-5 percig magas fokozaton, vagy amíg át nem melegszik. 2 percenként keverjük meg.

c) Tálalás előtt 2-3 percig állni hagyjuk, lefedve.

71. Vörös bársony Áfonya cékla

Kiszerelés: 6 adag

ÖSSZETEVŐK:

- 1 doboz (16 oz.) kockára vágott cékla, lecsepegtetve
- 1 doboz (16 oz.) egész bogyós vagy zselésített áfonyaszósz
- 2 evőkanál narancslé
- 1 teáskanál reszelt narancshéj
- 1 csipetnyi só

UTASÍTÁS:

a) Keverje össze az összes hozzávalót egy serpenyőben; alaposan felmelegítjük, időnként megkeverve.

b) Egyszerre tálaljuk. Pulykával vagy sonkával finom.

72. Vörös bársony Mézes cékla

Elkészítés: 7 adag

ÖSSZETEVŐK:

- 6 csésze Víz
- 1 evőkanál ecet
- 1 teáskanál Só
- 5 közepes cékla
- 1 közepes hagyma, apróra vágva
- 2 evőkanál margarin
- 2 evőkanál méz
- 1 evőkanál citromlé
- ½ teáskanál Só
- ⅛ teáskanál őrölt fahéj
- 1 evőkanál petrezselyem, vágva

UTASÍTÁS:

a) Forraljuk fel a vizet, az ecetet és 1 teáskanál sót. Adjunk hozzá céklát. Pároljuk puhára, 35-45 percig; csatorna. Fuss hideg vizet a cékla fölé; csúsztassa le a bőrt és távolítsa el a gyökérvégeket. Vágja fel a céklát cipzárra.

b) Főzzük és keverjük a hagymát margarinban egy 10 hüvelykes serpenyőben közepes lángon, amíg a hagyma megpuhul, körülbelül 5 percig. Keverje hozzá a céklát, a mézet, a citromlevet, a ½ teáskanál sót és a fahéjat.

c) Időnként megkeverve melegítsük, amíg a cékla forró, körülbelül 5 percig.

d) Megszórjuk petrezselyemmel.

73. Sült répaszeletek

Gyártmány: 4

ÖSSZETEVŐK:
- 1 kilós közepes friss cékla, meghámozva
- 1/2 teáskanál kóser só
- 8 teáskanál zöldségleves
- 5 szál friss rozmaring

UTASÍTÁS:
a) Melegítsük elő a sütőt 400 °F-ra.
b) Vágjon minden répát szeletekre attól függően, hogy hány adagot szeretne. Felöntjük a zöldséglevessel és sózzuk, hogy bevonjuk.
c) Egy tepsibe tegyünk egy 12 hüvelyk hosszúságú nagy teherbírású fóliát.
d) A céklát elrendezzük a fólián, és megszórjuk rozmaringgal. Csomagolja be a céklát fóliába, és szorosan zárja le.
e) Süssük legalább 1 órán keresztül, vagy amíg a burgonya megpuhul.
f) A fólia óvatos felnyitásával hagyja eltávozni a gőzt. Távolítsa el a rozmaring ágakat. Tálald és élvezd!

DESSZERT

74. VÖRÖS BÁRSONY Cupcakes

Kiszerelés: 24 Cupcake

ÖSSZETEVŐK:

- 2 tojásfehérje
- 2 csésze vörös bársonyos tortakeverék
- 1 csésze csokitorta keverék
- ¼ csésze Cannabis-infúziós tinktúra
- 1 12 uncia zacskó csokoládé chips
- 1 12 uncia konzerv citromos-lime üdítős pop
- 1 12 uncia kád tejfölös cukormáz

UTASÍTÁS:

a) Melegítse elő a sütőt 350 °F-ra.
b) Egy muffinformát kibélelünk sütőpapírral.
c) Egy nagy keverőtálban keverje össze a tojásfehérjét, a süteménykeveréket , a tinktúrát, a csokoládédarabkákat és a szódát.
d) Jól keverjük össze, amíg sima tésztát nem kapunk.
e) Öntsük a tésztát sütőedényekbe.
f) 20 percig sütjük.
g) Hagyja kihűlni a cupcakes-eket, mielőtt fagyos lesz.

75. Piros bársony Jeges torta

Gyártmány: 6

ÖSSZETEVŐK:
TORTA
- 1 ½ csésze cukor
- 1 teáskanál szódabikarbóna
- ½ csésze Crisco
- 1 teáskanál vanília kivonat
- 1 csésze író
- 2 uncia vörös ételfesték
- 2 ½ csésze tortaliszt
- 1 teáskanál Só
- 1 teáskanál Ecet
- 3 teáskanál kakaó

JEBESÍTÉS #1
- 1 rúd vaj
- 8 teáskanál Crisco
- 1 csésze cukor
- 3 teáskanál Liszt
- ⅔ csésze tej
- 1 teáskanál vanília kivonat

JEBESÍTÉS #2
- 1 rúd vaj
- 2 Krémsajt
- 2 tojás
- 1 doboz Power Sugar

UTASÍTÁS:
a) Keverje össze az összes összetevőt kézzel. Ne használjon elektromos keverőt.
b) 350 fokon 1 óra 15 percig sütjük.
c) Hagyjuk hűlni 30 percig, mielőtt kivesszük a formából.

76. Vörös bársony torta

Készítmény: 10-12 adag

ÖSSZETEVŐK:
- 2½ csésze univerzális liszt
- 2 teáskanál cukrozatlan kakaópor
- 1 teáskanál kóser só
- 1 teáskanál szódabikarbóna
- 2 tojás, szobahőmérsékleten
- 1½ csésze kristálycukor
- 1½ csésze növényi olaj
- 1 csésze író, szobahőmérsékleten
- 1½ teáskanál vanília kivonat
- 1 teáskanál desztillált fehér ecet
- 1 uncia vörös ételfesték

A FAGYMÁSHOZ:
- 16 uncia krémsajt, lágyítva
- 1 csésze sózatlan vaj, lágyított
- 8 csésze porcukor
- 1 evőkanál teljes tej
- 2 teáskanál vanília kivonat

UTASÍTÁS:
a) Melegítsük elő a sütőt 325 F fokra. Permetezzen be két 9 hüvelykes tortaformát sütőpermettel, vagy kenje meg és lisztezze meg őket.

b) Egy nagy keverőtálban keverjük össze a lisztet, a kakaóport, a sót és a szódabikarbónát, majd szitáljuk vagy keverjük össze.

c) Egy közepes tálban felütjük a tojásokat, és habverővel felverjük. A cukrot, az olajat, az írót és a vaníliát a tálba öntjük, és kézi mixerrel alacsony sebességen addig keverjük, amíg szép krémes nem lesz.

d) Lassan keverje össze a nedves hozzávalókat a száraz hozzávalókkal egy nagy tálban.

e) Adjuk hozzá az ecetet és a piros ételfestéket. Hajtsa addig, amíg az egész tészta piros nem lesz, és csíkok nem maradnak.

f) Minden tortaformába egyenlő mennyiségű torta tésztát öntünk. Rázza fel és ütögesse meg az edényeket, hogy a légbuborékok kiszabaduljanak, majd hagyja állni 5 percig. 25-30 percig sütjük a süteményeket. Vegye ki a süteményeket a tortaformákból, és helyezze hűtőrácsokra.

g) Amíg a sütemények hűlnek, elkészítjük a cukormázt. Egy nagy tálban keverjük össze a krémsajtot és a vajat.

h) A két hozzávalót kézi mixerrel habosra keverjük, majd lassan, 1 csészénként hozzáadjuk a porcukrot.

i) Hozzáadjuk a tejet és a vaníliát, és addig keverjük, amíg szép krémes nem lesz a fagy. Ha a sütemények teljesen kihűltek, lehűtjük őket.

77. Vörös bársony fagylalt

Kiszerelés: 1 Pint

ÖSSZETEVŐK:

- 1 zselatin lap
- 1 csésze tej
- ½ adag Caramelmártás
- 50 g csokoládé torta darabok
- 35 g kakaópor
- 2 evőkanál cukor
- 1 evőkanál glükóz
- 1 evőkanál desztillált fehér ecet
- 1 evőkanál író
- 2 teáskanál piros ételfesték
- 1 teáskanál kóser só

UTASÍTÁS:

a) A zselatint kivirágozzuk.

b) Melegíts fel egy keveset a tejből, és forgasd bele a zselatint, hogy feloldódjon.

c) A zselatin keveréket turmixgépbe tesszük, hozzáadjuk a maradék tejet, a fudge szószt, a csokitortát, a kakaóport, a cukrot, a glükózt, az ecetet, az írót, az ételfestéket és a sót, majd simára és egyenletesre pürésítjük.

d) Öntse a keveréket egy finom szitán keresztül a fagylaltgépbe, és fagyassza le a gyártó utasításai szerint.

78. Vörös bársonyos csokis kekszek

Készítmény: 21 süti

ÖSSZETEVŐK

- 1½ csésze univerzális liszt
- ¼ csésze kakaópor
- 1 teáskanál szódabikarbóna
- ¼ teáskanál tengeri só
- ½ csésze sózatlan vaj, szobahőmérsékletű
- ½ csésze barna cukor
- ½ csésze
- 1 tojás, szobahőmérsékletű
- 1 evőkanál tej/író/natúr joghurt
- 2 teáskanál vanília kivonat
- ½ teáskanál piros ételfesték gél
- 1 csésze fehér vagy étcsokoládé chips

UTASÍTÁS:

a) Egy nagy keverőtálban keverjük össze a lisztet, a kakaóport, a szódabikarbónát és a sót, majd tegyük félre.

b) Kézi vagy állványos mixerrel a vajat, a barna cukrot és a kristálycukrot nagy sebességgel, körülbelül 1-2 perc alatt krémesre keverjük.

c) Ezután adjuk hozzá a tojást, a tejet, a vaníliakivonatot és az ételfestéket, majd keverjük jól össze, majd kapcsoljuk ki a mixert.

d) Adjuk hozzá a száraz hozzávalókat a nedves hozzávalókhoz.

e) Alacsony sebességre kapcsoljuk a mixert, és addig verjük, amíg nagyon lágy tésztát nem kapunk.

f) Abban az esetben, ha több ételfestéket kell hozzáadnia, nyugodtan tegye meg ezen a ponton.

g) Végül hozzáadjuk a csokireszeléket, és elkeverjük.

h) Fedjük le a tésztát műanyag fóliával, és tegyük a hűtőbe legalább 2 órára vagy egy éjszakára.

i) Ha kihűlt, hagyja a tésztát legalább 15 percig szobahőmérsékleten állni, mielőtt golyókat formázna belőle és megsüti, mert a tészta megkeményedik.

j) A sütőt előmelegítjük 180°C-ra.

k) Két nagy tepsit kibélelünk sütőpapírral vagy szilikon tepsit. Félretesz, mellőz.

l) Egy evőkanál segítségével kanalazunk egy kupacot a sütitésztából, és sodorjunk belőle labdát.

m) Sütőpapírral bélelt tepsire sorakoztatjuk őket, majd 11-13 percig sütjük.

n) Részletekben sütjük.

o) Tegyünk még néhány csokireszeléket a meleg sütemények tetejére.

79. VÖRÖS BÁRSONY Ice Cream Goffle

Készítmény: 8 db szendvics

ÖSSZETEVŐK:
- 1¾ csésze univerzális liszt
- ¼ csésze cukrozatlan kakaó
- 1 teáskanál szódabikarbóna
- 1 teáskanál só
- 1 csésze repceolaj
- 1 csésze kristálycukor
- 1 nagy tojás
- 3 evőkanál piros ételfesték
- 1 teáskanál tiszta vanília kivonat
- 1½ teáskanál desztillált fehér ecet
- ½ csésze író
- Tapadásmentes főző spray
- 1½ liter vanília fagylalt
- 2 csésze félédes mini csokoládé chips

UTASÍTÁS:
a) Melegítsük elő a gofrisütőt közepesre.

b) Egy közepes méretű tálban keverjük össze a lisztet, a kakaót, a szódabikarbónát és a sót. Félretesz, mellőz.

c) Állványmixer edényében vagy elektromos kézi mixerrel egy nagy tálban közepes sebességgel keverje fel az olajat és a cukrot, amíg jól el nem keveredik. Beleütjük a tojást. Csökkentse a turmixgépet alacsony fokozatra, és lassan adagolja hozzá az ételfestéket és a vaníliát.

d) Keverjük össze az ecetet és az írót. Adja hozzá az írókeverék felét a nagy tálba az olajjal, a cukorral és a tojással. Keverjük össze, majd adjuk hozzá a lisztkeverék felét.

e) Kaparjuk le a tálat, és csak annyit keverjünk, hogy ne legyen elkeveretlen liszt.

f) Adjuk hozzá a többi írókeveréket, keverjük össze, majd adjuk hozzá az utolsó lisztkeveréket is.

g) Ismét keverjük össze, csak annyit, hogy ne legyen elkeveretlen liszt.
h) Kenje be a gofrisütő rácsának mindkét oldalát tapadásmentes spray-vel. Öntsön annyi tésztát a gofrisütőbe, hogy ellepje a rácsot, zárja le a fedőt, és főzze, amíg a gofri elég szilárd lesz ahhoz, hogy kivegye a gofrisütőből, 4 percig.
i) Rácson hagyjuk kicsit kihűlni a gofrit. Konyhai ollóval vagy éles késsel szeletelje szét a gofrikat.
j) Ismételje meg, hogy összesen 16 szakaszt készítsen.
k) Amíg a gofriszeletek hűlnek, a fagylaltot 10 percre a pultra tesszük, hogy megpuhuljon.
l) Miután a fagylalt megpuhult, rakja ki a gofriszeletek felét, és egy spatulával kenje meg mindegyikre körülbelül 1 hüvelyk vastagságú fagylaltot.
m) A fennmaradó részekkel 8 szendvicset készítsen a tetejére. Gumi spatulával kaparja le a fagylalt túlfolyóját, hogy simítsa a széleket.
n) Ezután a fagylalt széleit egy tálba vagy egy lapos edénybe öntsük, amelyen mini csokoládédarabkák vannak.
o) Minden egyes szendvicset szorosan csavarja be műanyag fóliába, tegye egy cipzáras zacskóba, és tegye a zacskót a fagyasztóba legalább 1 órára, hogy a fagylalt megkeményedjen.
p) Tálalás előtt néhány perccel vegyük ki a szendvicset, hogy kissé megpuhuljon.

80. VÖRÖS BÁRSONY Mini Cheesecakes

Készítmények: 22-24 sajttorta

ÖSSZETEVŐK
VÖRÖS BÁRSONYOS KÜSZI RÉTEG
- 1 és ½ csésze + 1 evőkanál univerzális liszt
- ¼ csésze cukrozatlan kakaópor
- 1 teáskanál szódabikarbóna
- ¼ teáskanál só
- ½ csésze sótlan vaj szobahőmérsékletűre lágyítva
- ¾ csésze csomagolt világos vagy sötétbarna cukor
- ¼ csésze kristálycukor
- 1 tojás, szobahőmérsékleten
- 1 evőkanál tej
- 2 teáskanál tiszta vanília kivonat
- 1 evőkanál piros ételfesték

SAJTTORTA RÉTEG
- 12 uncia krémsajt, szobahőmérsékletűre lágyítva
- 2 evőkanál joghurt
- ⅓ csésze kristálycukor
- 1 nagy tojás, szobahőmérsékleten
- 1 teáskanál tiszta vanília kivonat
- ½ csésze mini vagy normál félédes csokoládé chips

UTASÍTÁS:
a) Melegítse elő a sütőt 350 °F-ra.

b) Béleljen ki két 12-es muffinsütőt cupcake-béléssel. Félretesz, mellőz.

c) Készítsd el a vörös bársonyos süti réteget: a lisztet, a kakaóport, a szódabikarbónát és a sót egy nagy tálba dobd össze. Félretesz, mellőz.

d) Lapátos tartozékkal ellátott kézi vagy állványos keverővel verje fel a vajat nagy sebességgel krémesre, körülbelül 1 percig.

e) Szükség szerint kaparjuk le az edény oldalát és alját.

f) Állítsa a mixert közepes sebességre, és keverje össze a barna cukrot és a kristálycukrot.

g) Keverjük hozzá a tojást, a tejet és a vaníliakivonatot, szükség szerint kaparjuk le az edény oldalát és alját.
h) Ha összekevertük, adjuk hozzá az ételfestéket, és keverjük össze.
i) Kapcsolja ki a mixert, és öntse a száraz hozzávalókat a nedves hozzávalókhoz. Alacsony fokozatra kapcsoljuk a mixert, és lassan verjük, amíg nagyon lágy tésztát nem kapunk.
j) Ha azt szeretné, hogy a tészta pirosabb legyen, adjon hozzá több ételfestéket. A tészta ragacsos lesz.
k) Nyomjunk 1 kevés evőkanál sütitésztát minden cupcake bélés aljába. Azért mondom, hogy „kevés", mert különben nem lesz elég 22-24 mini sajttorta. Minden egyes adagot 8 percig sütni, hogy a tészta elősüljön, mielőtt a sajttortát a tetejére rétegezné.
l) Készítsük el a sajttorta réteget: lapátos rögzítésű kézi vagy állványos mixerrel verjük fel a krémsajtot közepesen magasra, amíg teljesen sima nem lesz.
m) Hozzáadjuk a joghurtot és a cukrot, és addig verjük, amíg össze nem áll.
n) Hozzáadjuk a tojást és a vaníliát, és közepes lángon keverjük össze.
o) Óvatosan forgasd bele a csokireszeléket. 1 evőkanál sajttortatésztát az elősütött sütemény tetejére simítunk, megkenjük, hogy teljesen befedje a sütit.
p) Tegyük vissza a mini sajttortákat a sütőbe, és süssük tovább körülbelül 20 percig.
q) Fedjük le a csészéket alufóliával, ha a tetejük túl hamar barnulna.
r) 30 percig a pulton hűlni hagyjuk, majd a hűtőben további 1,5 órára dermedni.
s) A sütiscsészék szobahőmérsékleten 12-24 óráig frissek és letakarva maradnak, majd ezt követően még 3 napig hűtőben kell tárolni.

81. VÖRÖS BÁRSONY krémsajtos muffin

Elkészítés: 12 db muffin

ÖSSZETEVŐK
TÖRZS FELTÉT
- ½ csésze kristálycukor
- ¼ csésze univerzális liszt
- 2 evőkanál sótlan vaj

SAJTKRÉMKEVERÉK
- 4 uncia krémsajt megpuhult
- ¼ csésze kristálycukor
- ½ teáskanál vanília kivonat

MUFFIN
- 1 ¼ csésze univerzális liszt
- ½ csésze kristálycukor
- 2 teáskanál sütőpor
- ½ teáskanál só
- 1 nagy tojás
- ½ csésze növényi olaj
- ⅓ csésze tej
- 2 evőkanál cukrozatlan kakaópor
- 2 teáskanál piros ételfesték

UTASÍTÁS
a) Melegítse elő a sütőt 375 ° F-ra.

b) Készítse elő a muffinformát úgy, hogy bélelje ki, vagy permetezze be tapadásmentes főzőpermettel.

TÖRZS FELTÉT
c) Egy közepes tálban adjunk hozzá lisztet, cukrot és vajat. A vajat villával addig vágjuk, amíg durva morzsát nem kapunk.

SAJTKRÉMKEVERÉK
d) Egy másik tálban habosra keverjük a krémsajtot, a cukrot és a vaníliát.

MUFFIN
e) Egy állványos turmixgép táljába adjuk hozzá a lisztet, a sütőport és a sót, majd keverjük össze.

f) Hozzáadjuk a tojást, az olajat, a tejet, a kakaóport és a piros ételfestéket, és addig keverjük, amíg el nem keveredik.
g) A krémsajtos keveréket a muffintésztába forgatjuk, vigyázva, hogy ne keverjük túl.
h) Az elkészített muffinba kanalazzuk a tésztát, mindegyiket körülbelül ⅔-ig töltve.
i) Minden muffinra egyenletesen szórjuk a morzsás feltétet.
j) Süssük 375°F-on 17-19 percig, vagy amíg a közepébe szúrt fogpiszkáló tisztán ki nem jön.
k) A muffinokat körülbelül 10 percig hagyjuk hűlni a tepsiben, majd tegyük át egy hűtőrácsra, hogy teljesen kihűljenek.

82. Vörös bársonyos málna torta

Elkészítés: 12 adag

ÖSSZETEVŐK

- 1 lap hűtött pite tészta
- 1 nagy tojásfehérje, enyhén felverve
- ¼ csésze mag nélküli málnalekvár
- ⅔ csésze vaj megpuhult
- ¾ csésze cukor
- 3 nagy tojás
- 1 nagy tojássárgája
- 1 evőkanál sütőkakaó
- 2 teáskanál piros paszta ételfesték
- 1 csésze őrölt mandula
- Jegesedés

UTASÍTÁS

a) Melegítse elő a sütőt 350°-ra. Tekerje ki a tésztalapot 9 hüvelykesre. hornyolt tortaforma kivehető aljával; még a felnivel is vágja. Fagyassza le 10 percig.

b) Dupla vastagságú fóliával kibéleljük a tésztát. Töltsük meg pitesúlyokkal, szárított babbal vagy nyers rizzsel. 12-15 percig sütjük, vagy amíg a szélei aranybarnák nem lesznek.

c) Távolítsa el a fóliát és a súlyokat; a tészta alját megkenjük tojásfehérjével. 6-8 percig sütjük tovább, vagy amíg aranybarna nem lesz. Hűtsük le rácson.

d) A tészta alját megkenjük lekvárral. Egy tálban habosra keverjük a vajat és a cukrot. Fokozatosan keverjük hozzá a tojást, a tojássárgáját, a kakaót és az ételfestéket. Hajtsa bele őrölt mandulát. Lekvárra kenjük.

e) 30-35 percig sütjük, vagy amíg a töltelék megszilárdul. Rácson teljesen kihűtjük.

f) Egy kis edényben keverjük össze a cukrászdai cukrot és a vizet, majd extraháljuk simára; csöpögtessük vagy pipázzuk a tortára. Hűtőbe tesszük a maradékot.

83. VÖRÖS BÁRSONY Soufflé

Elkészítés: 6 adag

ÖSSZETEVŐK

- 1 evőkanál vaj
- 3 evőkanál kristálycukor
- 4 uncia keserédes csokoládé sütőszelet, apróra vágva
- 5 nagy tojás, szétválasztva
- ⅓ csésze kristálycukor
- 3 evőkanál tej
- 1 evőkanál piros folyékony ételfesték
- 1 teáskanál vanília kivonat
- Csipet só
- 2 evőkanál kristálycukor
- Porcukor
- Felvert tejföl

UTASÍTÁS

k) Melegítse elő a sütőt 350°-ra.

l) A ramekinek alját és oldalát kikenjük vajjal.

m) Enyhén bekenjük 3 evőkanál cukorral, a felesleget kirázva. Sütőpapíros tepsire tesszük.

n) Mikrohullámú csokoládét egy nagy, mikrohullámú sütőben használható tálban HIGH fokozaton 1 perctől 1 percig 15 másodpercig, vagy amíg fel nem olvad, 30 másodperces időközönként keverve.

o) Keverj hozzá 4 tojássárgáját, 1/4 csésze cukrot és a következő 3 hozzávalót.

p) Az 5 tojásfehérjét és a sót nagy sebességgel verjük habosra nagy teljesítményű elektromos keverővel.

q) Fokozatosan adjunk hozzá 2 evőkanál cukrot, verjük addig, amíg kemény csúcsok képződnek.

r) A tojásfehérje keveréket egyharmadával a csokis keverékhez keverjük.

s) Az elkészített ramekinekbe kanalazzuk.

t) Hüvelykujjának hegyével húzza körbe a ramekinek széleit, törölje le, és hozzon létre egy sekély bemélyedést a keverék szélein.

u) Süssük 350°-on 20-24 percig, vagy amíg a szuflák megkelnek és megszilárdulnak.

v) Porcukorral meghintjük; azonnal tálaljuk tejfölhabbal.

84. VÖRÖS BÁRSONY Cheesecake Mousse

Gyártmány: 3

ÖSSZETEVŐK

- 6 uncia Krémsajt blokk-stílusban lágyítva
- ½ csésze nehéz krém
- 2 evőkanál teljes zsírtartalmú tejföl
- ⅓ csésze alacsony szénhidráttartalmú, porított édesítőszer
- 1 ½ teáskanál vanília kivonat
- 1 ½ teáskanál kakaópor
- ½ teáskanál - 1 teáskanál természetes vörös ételfesték attól függően, hogy rózsaszín helyett vörös színt szeretne-e
- Habtejszín stevia cseppekkel édesítve
- Cukormentes csokoládészelet reszelt keto csokoládé

UTASÍTÁS

a) Egy nagy keverőtálba elektromos kézi mixerrel vagy állványmixerrel adjunk hozzá lágy krémsajtot, tejszínt, tejfölt, porított édesítőt és vaníliakivonatot.

b) 6 uncia krémsajt blokkszerű, ½ csésze nehéz tejszín, ⅓ csésze alacsony szénhidráttartalmú, porított édesítő, 1 ½ teáskanál vanília kivonat, 2 evőkanál tejföl

c) Keverje alacsony fokozaton egy percig, majd közepes fokozaton néhány percig, amíg sűrű, krémes nem lesz és alaposan összeáll.

d) Adjunk hozzá kakaóport és keverjük magas fokozaton, amíg össze nem keveredik, majd kaparjuk le az oldalát egy gumikaparóval, hogy alaposan keverjük össze.

e) 1 ½ teáskanál kakaópor

f) Adjunk hozzá piros ételfestéket, és keverjük addig, amíg el nem keveredik vagy puding állagúra el nem érjük.

g) ½ teáskanál 1 teáskanál természetes vörös ételfesték

h) Kanállal vagy cukrászzacskóval pipa mousse-t egy kis desszertes pohárba vagy tálba.

i) Díszítsük egy kanál cukormentes tejszínhabbal és egy kevés, opcionálisan reszelt cukormentes csokoládéval. Szolgál

j) Habtejszín stevia cseppekkel édesítve, cukormentes csokoládészeletekkel

85. VÖRÖS BÁRSONY-Berry Cobbler

Elkészítés: 6-8 adag

ÖSSZETEVŐK

- 1 evőkanál kukoricakeményítő
- 1 ¼ csésze cukor, osztva
- 6 csésze válogatott friss bogyós gyümölcsök
- ½ csésze vaj megpuhult
- 2 nagy tojás
- 2 evőkanál piros folyékony ételfesték
- 1 teáskanál vanília kivonat
- 1 ¼ csésze univerzális liszt
- 1 ½ evőkanál cukrozatlan kakaó
- ¼ teáskanál só
- ½ csésze író
- 1 ½ teáskanál fehér ecet
- ½ teáskanál szódabikarbóna

UTASÍTÁS

a) Melegítse elő a sütőt 350°-ra. Keverje össze a kukoricakeményítőt és a ½ csésze cukrot.

b) Dobd meg a bogyókat kukoricakeményítő keverékkel, és kanalazd egy enyhén kivajazott, 11 x 7 hüvelykes tepsibe.

c) A vajat közepes sebességgel elektromos keverővel habosra verjük; fokozatosan hozzáadjuk a maradék ¾ csésze cukrot, jól felverve.

d) Egyenként adjuk hozzá a tojásokat, és minden hozzáadás után keverjük össze.

e) Keverje hozzá a piros ételfestéket és a vaníliát, amíg el nem keveredik.

f) Keverjük össze a lisztet, a kakaót és a sót. Keverje össze az írót, az ecetet és a szódabikarbónát egy 2 csésze folyadékmérő edényben.

g) Adjuk hozzá a lisztkeveréket a vajas keverékhez felváltva az írókeverékkel, a lisztkeverékkel kezdve és befejezve.

h) Verjük alacsony sebességgel, amíg el nem keveredik minden hozzáadás után.

i) Kanál tésztát bogyós keverékre.

j) Süssük 350°-on 45-50 percig, vagy amíg a tortafeltét közepébe szúrt fa csákány tisztán ki nem jön. Rácson hűtsük 10 percig.

86. Piros bársonyos gyümölcstorta

Elkészítése: 3 adag

ÖSSZETEVŐK

- 200 gramm Maida
- 220 gramm porcukor
- 1 evőkanál kakaópor
- 150 ml növényi olaj
- 250 ml író
- 1 teáskanál sütőpor
- ½ teáskanál szódabikarbóna
- ¼ teáskanál Só
- ½ teáskanál ecet
- 1 evőkanál vanília esszencia
- ½ csésze nehéz krém

DÍSZÍTÉSHEZ:

- Csokoládé művészet
- Kiwi és szőlő
- édesem
- Édes drágakövek

UTASÍTÁS

a) Egy tálba adjuk hozzá az összes fent említett száraz hozzávalót, és szitáljuk össze, hogy ne csomósodjanak össze.
b) Most adjunk hozzá írót, növényi olajat, vanília esszenciát és céklapürét, és jól keverjük össze, hogy sima tésztát kapjunk.
c) Végül adjunk hozzá ecetet, és jól keverjük össze.
d) Vegyünk 1 6 hüvelykes tortaformát és a muffinformát kenjük ki olajjal, majd porozzuk be a Maida segítségével,
e) egyformán öntsük bele a tésztát.
f) A mikrohullámú sütőt 10 percre 180°C-ra előmelegítjük. Előmelegített mikrohullámú sütőben süssük 20-25 percig, vagy mikrohullámú sütőtől függően készre.
g) A tejszínt kemény habbá verjük 3-4 percig, és hagyjuk dermedni.
h) Vágja fel a kivit és a szőlőt.
i) Sütés után hagyjuk kihűlni és formázzuk ki.

j) Mindkét tortát kenjük fel tejszínhabbal, és díszítsük drágakövekkel, csokoládéval, apróra vágott gyümölcsökkel, végül mézzel.

87. Piros bársonyos keksz

Elkészítés: 10 adag

ÖSSZETEVŐK:

- 2 csésze magától kelő liszt
- ½ teáskanál tartárkrém
- ⅛ teáskanál só
- 1 evőkanál cukrozatlan kakaópor
- 2 evőkanál kristálycukor
- ¾ csésze író hidegen
- ½ csésze hideg sótlan vaj aprítva
- ¼ csésze vaj ízű zöldségleves
- 1 teáskanál vanília kivonat
- ½ uncia vörös ételfesték

UTASÍTÁS:

a) Egy nagy tálban összekeverjük a magától kelő lisztet, a sót, a kakaóport, a cukrot és a tartártejszínt.

b) Szitáljuk vagy keverjük össze az összetevőket, amíg jól össze nem keverednek.

c) Adja hozzá az összes száraz hozzávalót a keverőtálba.

d) Adjuk hozzá a vajat, a zsiradékot, az írót és az ételfestéket.

e) Kapcsolja be az állványos mixert, és hagyja közepes sebességgel keverni a hozzávalókat, amíg piros tésztává nem válik.

f) Ha a tészta összeállt, enyhén lisztezett lapos felületen sodrófa segítségével simítsa ki.

g) Vágja ki a kekszet befőtt fedéllel, kekszvágóval vagy pogácsaszaggatóval.

h) Helyezze a kekszet egy tepsibe.

i) Süssük a kekszet 400 F-on 12-15 percig.

j) Ha kész, kenjük meg vajjal a kekszek tetejét, amíg még melegek.

88. VÖRÖS BÁRSONY Macarons

Készítmény: 18 macaron

ÖSSZETEVŐK

- ½ csésze + 2 evőkanál finom mandulaliszt, blansírozva
- ½ csésze porcukor
- 1 teáskanál cukrozatlan kakaópor
- 2 nagy tojásfehérje
- csipetnyi tejszín fogkő
- ¼ csésze + 1 teáskanál kristálycukor
- piros zselés ételfesték
- Krémsajtos cukormáz

UTASÍTÁS

a) A mandulalisztet, a porcukrot és a cukrozatlan kakaóport szitáljuk egy nagy tálba, és tegyük félre.

b) Habverővel adjuk a tojásfehérjét egy állványmixer táljába, és közepes sebességgel keverjük addig, amíg a tojásfehérje felületét kis buborékok borítják.

c) Adjunk hozzá egy csipetnyi tartárkrémet, és folytassuk a keverést, amíg el nem érjük a lágy csúcsot.

d) Ezután fokozatosan hozzáadjuk a kristálycukrot, és közepes sebességgel 30 másodpercig keverjük. Növelje a keverési sebességet közepes-nagy sebességre. Addig keverjük, amíg merev, fényes csúcsok képződnek.

e) Ekkor adjuk hozzá a vörös zselés ételfestéket. A következő lépésben keveredik.

f) Adjuk hozzá a száraz hozzávalókat a habcsókhoz, és körkörös mozdulatokkal hajtsuk össze, amíg felemeléskor egy vastag tésztaszalag folytonos sugárban nem folyik le a spatuláról.

g) Öntse a masszát egy nagy, közepes méretű, kerek csővéggel ellátott zsákba, és 1 ¼ hüvelykes körben kösse az előkészített sütőlapokra, körülbelül 1 hüvelyk távolságra egymástól.

h) Erősen ütögesse az edényeket a pulton néhányszor, hogy a légbuborékok kiszabaduljanak, majd a felszínre kerülő megmaradt légbuborékokat fogpiszkálóval vagy írószerszámmal pattintsa ki.

i) Hagyja pihenni a macaronokat 30 percig, vagy amíg kifejlődik a bőrük.

j) Amíg a macaronok pihennek, melegítsük elő a sütőt 315 F / 157 C-ra.

k) Egy-egy tepsi macaront süssünk a sütő középső rácsán 15-18 percig, majd félig forgassuk meg a tepsit.

l) Vegyük ki a sütőből, és hagyjuk hűlni a macaronokat a serpenyőn körülbelül 15 percig, majd óvatosan távolítsuk el őket a Silpat szőnyegről.

m) Párosítsd össze a héjakat, majd szaggass egy csésze krémsajtot egy macaronhéjjal. Óvatosan nyomja meg a második héjat a cukormáz tetejére, hogy szendvicset készítsen.

n) Ízlés szerint meglocsoljuk egy kis fehér csokoládéval, és két macaron héjat összetörünk, és díszítésként használhatjuk.

o) Az elkészült macaronokat légmentesen záródó edénybe tesszük, és egy éjszakára hűtőbe tesszük, majd hagyjuk szobahőmérsékletűre melegedni, és már fogyaszthatjuk is!

89. VÖRÖS BÁRSONY Ice Box Pite

Gyártmány: 8 darab

ÖSSZETEVŐK

- 2 csésze zúzott csokis ostyakoksz vagy csokis graham keksz
- ½ csésze vaj megolvasztott
- ¼ csésze kristálycukor
- 12,2 uncia csomag VÖRÖS BÁRSONY Oreo süti
- 8 uncia krémsajt, lágyítva
- 3,4 uncia doboz instant sajttorta pudingkeverék
- 2 csésze teljes tej vagy fél és fele
- 8 uncia fagyasztott felvert öntet

UTASÍTÁS

a) Melegítse elő a sütőt 375 °F-ra. Finoman permetezzen be egy 9 hüvelykes mélytálat főzőspray-vel.

b) Egy kis tálban keverjük össze a süteménymorzsát, a vajat és a cukrot. Jól összedolgozzuk, majd rányomkodjuk a pitelap aljára és oldalára. 15 percig sütjük, vagy amíg meg nem áll. Hűtsük le teljesen.

c) Tartson fenn 5 egész kekszet a díszítéshez, a többit pedig tegye egy visszazárható műanyag zacskóba.

d) Törjük össze a sütiket. Félretesz, mellőz.

e) Egy közepes méretű keverőtálban keverővel keverje össze a krémsajtot, a pudingkeveréket és a tejet. 2-3 percig verjük, vagy amíg krémes, bolyhos és sima nem lesz.

f) A felvert feltétet és az összetört sütiket kézzel a töltelékbe hajtjuk. A kihűlt tésztába kenjük.

g) Díszítsük a tetejét a maradék felvert feltéttel és tetszés szerint egész sütikkel.

h) Tálalás előtt legalább 4 órát hűtsük le.

90. Vörös bársony répa torta

Kiszerelés: 10 adag

ÖSSZETEVŐK:

- 1 csésze Crisco olaj
- ½ csésze vaj, olvasztott
- 3 tojás
- 2 csésze cukor
- 2½ csésze liszt
- 2 teáskanál fahéj
- 2 teáskanál szódabikarbóna
- 1 teáskanál só
- 2 teáskanál vanília
- 1 csésze Harvard cékla
- ½ csésze tejszínes túró
- 1 csésze zúzott ananász, lecsepegtetve
- 1 csésze apróra vágott dió
- ½ csésze kókusz

UTASÍTÁS:

a) Keverjük össze az olajat, a vajat, a tojást és a cukrot.

b) Adjuk hozzá a lisztet, a fahéjat, a szódát és a sót.

c) Hajtsa bele a vaníliát, a céklát, a túrót, az ananászt, a diót és a kókuszt.

d) Öntsük egy 9x13 hüvelykes serpenyőbe.

e) 350 fokon 40-45 percig sütjük. Tejszínhabbal tálaljuk.

91. Cukorrépa gratin

Elkészítés: 4 adag

ÖSSZETEVŐK:

- 4 csésze szeletelt cékla (piros és sárga is), fél hüvelyk vastagra szeletelve
- 1 csésze vékonyra szeletelt hagyma
- 2 csésze fűszerezett zsemlemorzsa
- 3 evőkanál vaj
- Olívaolaj, csepegtetéshez
- Parmezán sajt, szóráshoz
- Kreol fűszerezés, szóráshoz
- Só és fehér bors

UTASÍTÁS:

a) Melegítsük elő a sütőt 375 F fokra. Egy kivajazott gratin vagy vastag sütőedénybe rétegezzük a répát, a hagymát és a zsemlemorzsa felét, mindegyiket megkenjük vajjal, és minden réteget megízesítünk olívaolajjal, parmezán sajttal, kreol fűszerezéssel, valamint sóval és borssal. megkóstolni.

b) Zsemlemorzsa réteggel fejezzük be a tetejét. Lefedve 45 percig sütjük. Fedjük le, és süssük tovább 15 percig, vagy amíg a teteje megpirul és buborékos lesz. Közvetlenül az edényből tálaljuk.

92. Cékla zöld szufla

Készítménye: 1 szufla

ÖSSZETEVŐK:

- 3 evőkanál parmezán sajt; lereszelve
- 2 közepes Cékla; megfőzve és meghámozva
- 2 evőkanál vaj
- 2 evőkanál Liszt
- ¾ csésze csirkehúsleves; forró
- 1 csésze cékla zöldje; hirtelen sült
- ½ csésze Cheddar sajt; lereszelve
- 3 tojássárgája
- 4 tojásfehérje

UTASÍTÁS:

a) Vaj egy 1 qt. szuflé étel; megszórjuk parmezán sajttal. A főtt céklát felszeleteljük, és kibéleljük vele a szuflé alját.

b) Egy kis lábasban felolvasztjuk a vajat, belekeverjük a lisztet, hozzáadjuk a forró levest, és tovább főzzük, amíg kissé besűrűsödik, majd áttesszük egy nagyobb tálba. A cékla zöldjét durvára vágjuk, és a cheddar sajttal együtt a szószhoz adjuk.

c) Egy külön tálban verjük fel a tojássárgáját; turmixold össze őket cékla zöld keverékkel. A tojásfehérjét addig verjük, amíg hab nem lesz belőle. Hajtsa egy tálba a többi hozzávalóval; jól keverjük össze. Az egészet kivajazott szuflé tálba tesszük. Megszórjuk parmezán sajttal.

d) Süssük 350 F.-on 30 percig, vagy amíg a szuflé felfuvalkodott és aranybarna nem lesz.

93. Vörös bársonyos répahab

Elkészítés: 1 adag

ÖSSZETEVŐK:

- 3 közepes Cékla; A bőrükön főzve
- 2½ csésze csirkehúsleves
- 2 csomag ízesítetlen zselatin
- 1 csésze ízesítetlen joghurt
- 2 evőkanál citrom vagy lime leve
- 1 kis reszelt hagyma
- 1 evőkanál cukor
- 1 evőkanál mustár
- Só, bors; megkóstolni

UTASÍTÁS:

a) Meghámozzuk és kockára főtt céklát.

b) Helyezze a zselatint egy tálba 6 T vízzel, és keverje össze. Hagyjuk állni 2 percig, és kevergetve öntsük fel forró csirkehúslevessel.

c) A zselatin kivételével az összes hozzávalót összedolgozzuk. Helyes fűszerezés.

d) Adjuk hozzá a kihűlt zselatint, és dolgozzuk csak össze.

e) Kiolajozott formába öntjük, hogy megszilárduljon

94. Répa diós kenyér

Elkészítése: 1 adag

ÖSSZETEVŐK:

- ¾ csésze Rövidítés
- 1 csésze cukor
- 4 tojás
- 2 teáskanál vanília
- 2 csésze aprított cékla
- 3 csésze Liszt
- 2 teáskanál Sütőpor
- 1 teáskanál szódabikarbóna
- ½ teáskanál fahéj
- ¼ teáskanál Őrölt szerecsendió
- 1 csésze apróra vágott dió

UTASÍTÁS:

a) Verjük fel a zsiradékot és a cukrot, amíg könnyű és puha nem lesz. Belekeverjük a tojást és a vaníliát. Belekeverjük a céklát.

b) Adjunk hozzá kombinált száraz összetevőket; jól összekeverni. Keverje hozzá a diót.

c) Kivajazott és lisztezett 9x5 hüvelykes tepsibe öntjük.

d) 350 fokon sütjük. 60-70 percig, vagy amíg a közepébe szúrt fa fogpiszkáló tisztán ki nem jön.

e) 10 percig hűtjük; kivesszük a serpenyőből.

koktélok és turmixok

95. VÖRÖS BÁRSONY Cake Martini

Gyártmány: 2

ÖSSZETEVŐK:
- 2 uncia torta vodka
- 1 uncia Creme de Cacao
- ½ uncia vanília vodka
- ½ uncia felvert vodka
- ¼ uncia Aperol
- ½ uncia grenadine
- ¼ teáskanál porcukor

UTASÍTÁS:
a) A torta vodkát, a Crème de Cacao-t, a vanília vodkát, a felvert vodkát, az Aperolt, a grenadint, a porcukrot és a jeget koktél shakerbe mérjük.
b) Rázza fel, amíg jól el nem keveredik.
c) Egyenletesen szűrjük a két pohárba.
d) Szolgál.

96. Vörös bársony mojito mocktail

Gyártmány: 5

ÖSSZETEVŐK:

- 1 csésze forralt víz
- 5 teáskanál VÖRÖS BÁRSONY laza tealevél
- 5 mentalevél
- 2 evőkanál agave nektár
- 4 evőkanál friss limelé
- 3 csésze szénsavas víz
- Bacardi rum

UTASÍTÁS:

a) Infundálja a teát 200 ml forralt vízben öt percig.

b) Távolítsa el a teászacskót, vagy szűrje le, ha laza, és hűtse le.

c) Keverje össze az összes összetevőt. Jég felett tálaljuk, mentával és lime-mal díszítjük.

97. VÖRÖS BÁRSONY csokoládé koktél

Kiszerelés: 1 koktél

ÖSSZETEVŐK:

- ¼ csésze fehér csokoládé likőr
- 1½ uncia vodka
- 1 uncia Grenadine
- ½ csésze tej
- krémsajt cukormáz a pohár peremére
- piros permet a pohár peremére

UTASÍTÁS:

a) A poharat béleljük ki krémsajtos cukormázzal, és vonjuk be piros szórással vagy piros bársonyos tortamorzsákkal.
b) Adjunk jeget egy koktél shakerbe.
c) Tedd az összes hozzávalót a shakerbe, és jól rázd össze.
d) Ha összekevertük, öntsük a shaker tartalmát egy pohárba.
e) Tálald és élvezd!

98. VÖRÖS BÁRSONY Shortcake koktél

Elkészítése: 1 adag

ÖSSZETEVŐK:

- 2 nagy eper, meghámozva és felszeletelve
- 1 ½ uncia VÖRÖS BÁRSONY Vodka
- 1 csepp citromlé
- 3-5 uncia tejszínes szóda, ízlés szerint
- Friss eper, díszítésnek

UTASÍTÁS:

a) Koktél shakerben hozzáadjuk az eperszeleteket. Jól összezavarodni.

b) Adjuk hozzá a vodkát és a citromlevet. Töltsük meg a shakert jéggel és jól rázzuk fel.

c) Lehűtött, friss jéggel teli highball pohárba szűrjük.

d) A tetejére szódát teszünk.

e) Díszítsük eperrel. Tálaljuk és élvezzük.

99. VÖRÖS BÁRSONY turmix

Gyártmány: 2

ÖSSZETEVŐK:
- 1 csésze fagyasztott mangó vagy 2 banán
- 1 kis cékla megfőzve és meghámozva
- 3 evőkanál kakaópor
- 1,5 csésze tej tetszés szerint vagy ízlés szerint
- 3 datolya, kimagozott

UTASÍTÁS:
a) Adja hozzá az összes hozzávalót a turmixgéphez. Keverjük simára.

b) Íz. Adjon hozzá több datolyát vagy mangót a kívánt édesség érdekében.

c) Adjunk hozzá több tejet a kívánt állag érdekében. Keverje össze újra, és azonnal élvezze.

100. VÖRÖS BÁRSONY céklás banán turmix

Gyártmány: 1

ÖSSZETEVŐK
- 1 fagyasztott banán
- 1 csésze mandulatej
- 1 csésze fagyasztott bogyós gyümölcs
- ½ cékla, főzve és meghámozva
- 2 evőkanál kakaópor
- 1 evőkanál juharszirup/kókuszcukor

UTASÍTÁS
a) Hozzávalók hozzáadása Tegye az összes hozzávalót a turmixgépbe.

b) Az egészet simára turmixoljuk, pohárba töltjük, és már fogyaszthatjuk is!

KÖVETKEZTETÉS

A vörös bársony nevét bársonyos vagy sima textúrájáról kapta. Egy jó vörös bársonyos sütemény receptje meghatározott mennyiségű kakaót, írót és fehér ecetet igényel, amelyek nagyon egyedi ízt adnak neki, ez nem csak egy szokásos ételfestékes recept. Ezenkívül az eredeti vörös bársony főtt tejes cukormázzal készült, nem pedig a mostanában szokásosan használt, nehéz és túl édes krémsajt cukormázzal. A főtt tejes cukormáz olyan, mint a tejszínhab és a vajkrém keresztezése, a jól elkészített vörös bársonytorta pedig finom, isteni ízű és állagú.

Próbálja ki ezeket a vörös bársony ihletésű recepteket még ma; biztosan ragyogóvá varázsolnak minden asztalt, és nagyon egyszerű módja annak, hogy lenyűgözzön.

www.ingramcontent.com/pod-product-compliance
Lightning Source LLC
Chambersburg PA
CBHW070349120526
44590CB00014B/1067